MakeShop® Gmarket

인터넷 쇼핑몰

쉽고 재미있는
패션영어

Fashion English

경춘사

인터넷 쇼핑몰
쉽고 재미있는 패션영어

저 자 정승일 · 히라키 다카노리 · 한지수
발행인 안중기
발행처 도서출판 경춘사
등록번호 제10-153(1987. 11. 28)

인 쇄 2010년 1월 10일
발 행 2010년 1월 31일

서울 특별시 마포구 공덕 1동 117-25
경춘빌딩 101호

전화 716-2502, 714-5246
팩스 704-0688

값 8,000원

ISBN 978-89-5895-076-9 10740

머리말

부존자원이 없는 우리나라는 품질 좋은 물건을 만들어 외국에 수출해서 돈을 버는 길만이 살길임에도 그동안 사회풍조가 이를 힘든 3D(힘들고 더럽고 위험하다)업종으로 여기고 소홀히 하였습니다.

게다가 몇 해 전부터는 온통 미국을 본 따 손쉽게 돈을 버는 증권 · 펀드 등 도박이나 다름없는 분야에 너나없이 심지어는 가정주부들까지도 열을 올리더니 마침내 또다시 1차 IMF위기 때처럼 총체적경제위기에 처해 있습니다.

이는 무역 즉 제조업을 소홀히 하면 강대국도 망한다는 교훈을 우리에게 다시 한 번 일깨워준 것입니다.

이 패션영어는 패션상품을 미국은 물론 영어를 사용하는 영어권국가와 인터넷 또는 오프라인으로도 거래에 도움이 되도록 만들었으므로, 고등학생 · 대학생 · 상인 · 인터넷쇼핑몰 관리자, 창업희망자 등 모두가 영어권과의 거래에 성공하여 조금이라도 경제회복에 보탬이 된다면 큰 보람을 느낄 것입니다.

2009년 12월

저자

Contents

Contents

제1과 손님 맞이 하기

웰커밍 어 커스터머-
Welcoming a customer

01

1. 본문

하-이 메이 아이 헬프 유
Seller : Hi, may I help you?

쿠쥬 쇼-우 미 댓 블루 데님 재-킷
Buyer : Could you show me that blue denim jacket?

슈어- 히어- 잇 이즈
Seller : Sure, here it is.

하우 머치 이즈 잇
Buyer : How much is it?

잇쓰 파이브 싸우젠 원
Seller : It's five thousand won.

판매사원 : 어서오십시오. 무엇을 찾고 계십니까?
바이어 : 저 데님자켓(청자켓)을 보여주시겠어요?
판매사원 : 알았습니다. 네, 여기 있습니다.
바이어 : 이것은 얼마입니까?
판매사원 : 5,000원입니다.

해 설

하-이
Hi : (직역으로는) '안녕' 이란 뜻.

메이 아이 헬프 유 하우 켄 아이 헬프 유
*****May I help you?** 또는 **How can I help you?**라고 해도 된다.

웰컴 투 코리아
Welcome to Korea. 한국에 오신 것을 환영합니다.

웰컴 투 마이 플레이쓰 (=하우쓰, 홈-)
Welcome to my place (=house, home). 저희 집에 오신 것을 환영합니다.

쿠쥬
Could you~ : ~해주시겠어요? ~하실수 있으세요?

*정중하게 부탁하거나 허락을 구할 때 쓰는 표현

쿠 쥬 오픈 더 도어-
Could you open the door? 그 문을 열어주시겠어요?

두 유 마인 이프아이 오픈 더 도어-
Do you mind if I open the door? 그 문을 열어도 될까요?

*부탁할 때 쓰는 표현으로 Can you~, Would you~ 도 가능한데, Can you~의 경우는 편한 상대에게 친근한 말투이고 Would you~의 경우는 Could you~ 와 같이 공손함이 묻어있다.

켄 유 컴 히어-
Can you come here? 여기로 오지 않을래요?

우 쥬 라이크 섬씽 투 드링크
Would you like something to drink? 마실 것 좀 드릴까요?

2. 반복하기

하이
1) Hi!

헬로- 하우 아- 유 두잉
Hello! How are you doing? 안녕하세요?

메이 아이 헬프 유
2) May I help you? 무엇을 도와드릴까요?

플리-즈 컴 인
Please, come in. 어서오세요, 들어오세요.

씻 따운 플리-즈
Sit down, please. 자, 앉으십시오.

우 쥬 플리-즈 헬프 미
3) Would you please help me? 부디 도와 주시겠습니까?

* Please : '저, 부디, 제발' 등 정중한 표현으로 한국어에는 없는 말씨이다.

훳 아- 유 루-킹 포-
4) What are you looking for? 무엇을 찾으십니까?

아- 유 루-킹 포- 썸씽 스페셜
Are you looking for something special?
특별히 찾는 것이 있나요?

훳 두 유 헤브 인 마인
What do you have in mind? 어떤 물건을 찾고 있습니까?

하우 머치 이즈 잇
3) How much is it? 이건(=그건) 얼마입니까?

하우 머치 이즈 디쓰
How much is this? 이건 얼마입니까?

하우 머치
How much? 얼마입니까?

관련 패션 용어

메트리얼 피-스 구-즈
material : 원단, 옷감,직물(=piece goods, P/G)

닛트
knit : 편직물 *니트 : 한올의 실로 옷감전부를 이어서 짜는 방법이다. 예 면티, 런닝, 스웨터용 원단.

우-븐
woven : 직물 *우븐 : 씨실과 날실로 짠 직물을 말한다. 직물공장에서는 대부분 세로로 실을 걸어놓고 좌우로 실을 보내 옷감을 짠다. 예 남방, 와이셔츠용 원단.

컷튼 스펀 울-
cotton : 면, 면화 **spun** : 스판 **wool** : 모

데님
denim : 청바지 원단(=프랑스 데님지방에서 처음 만든 청바지용 옷감이다.)

제2과 자기 소개

인트로듀씽 원셀프
Introducing oneself

02

1. 본문

하우 두 유 두 마이 네임 이즈 크리쓰 나이쓰 투
Buyer : How do you do? My name is Chris. Nice to
미-츠 유
meet you.

나이쓰 투 미-츠 유 투 아엠 선 영 김
Seller : Nice to meet you, too. I am Sun Young Kim.

미쓰터- 크리쓰 렛 미 인트로듀쓰 유 투
Seller : Mr. Chris, let me introduce you to
미쓰터- 정 아우어- 세일즈 매니-져-
Mr. Chung, our sales manager.

그랫 투 미-츠 유 미쓰터- 정
Buyer : Glad to meet you, Mr. Chung.

바이어 : 처음 뵙겠습니다. 크리쓰입니다. 반갑습니다.
판매사원 : 처음 뵙겠습니다. 김선영입니다. 저 역시 만나서 반갑습니다.
판매사원 : 크리쓰씨, 당사 영업과장 정을 소개하겠습니다.

바이어 : 만나서 반갑습니다, 정씨.

2. 반복하기

아이드 라이크 투 인트로듀쓰 마이 보쓰 미스터- 킴
1) I'd like to introduce my boss, Mr. Kim.
소개하겠습니다. 이쪽은 사장인 김입니다.

렛 미 인트로듀쓰 마이 보쓰 미쓰터- 킴
Let me introduce my boss, Mr. Kim
저희사장 김을 소개하겠습니다.

미쓰터- 크리쓰 렛 미 인트로듀쓰 미즈 선 영 킴
Mr. Chris, let me introduce Ms. Sun Young Kim,
아우어- 프레지던트
our president.
크리쓰씨, 저희사장 김선영씨를 소개합니다.

미쓰터- 존 아이 드라이크 유 투 미-트 미쓰터- 청
Mr. John, I'd like you to meet Mr. Chung,
아우어- 제너럴 매니-저-
our general manager.
존씨, 저희 총무부장 정을 소개합니다.

미쓰터- 클린턴 메이 아이 인트로듀쓰 미쓰터- 킴
Mr. Clinton, may I introduce Mr. Kim,
아우어- 에씨쓰턴트 매니-저-
our assistant manager?
크린턴씨, 저희 김대리를 소개할까요?

미쓰터- 루이쓰 디쓰 이즈 미쓰터- 파-크 아우어- 머천다-이저-
Mr. Louis, this is Mr. Park, our merchandiser.
루이스씨, 이편은 저희 구매자 박입니다.

* Mr.는 남성을, Ms.는 보통 모든 여성을 지칭할 때 쓰임.
(여성 미혼자를 Miss로, 기혼자를 Mrs.로 표기하기도 했으나 남녀 평등을 존중하기 위해 Ms.로 통일해서 많이 쓰임)

마이 네임 이즈 크리쓰
2) My name is Chris. 제 이름은 크리쓰입니다.

아임 크리쓰토퍼- 루
I'm Christopher Lou. 저는 크리쓰토퍼 루입니다.

아임 선 영 킴
I'm Sun Young Kim. 저는 김선영입니다.

마이 네임 이즈 욱 진 청
My name is Uk Jin Chung. 제 이름은 정욱진입니다.

킴 이즈 아우어- 매니-져-
3) Kim is our manager. 김씨는 저희 과장님입니다.

히 이즈 미쓰터- 킴
He is Mr. Kim. 그는 김이라고 합니다.

나이쓰 투 미-츠 유
4) Nice to meet you. 만나서 반갑습니다

아임 프레쓰 투 미-츠 유
I'm pleased to meet you. 만나서 반갑습니다.

아엠 글래 투 미-츠 유
I am glad to meet you. 만나서 반갑습니다.

관련 패션 용어

씨니어- 매니-징 디렉터-
Senior Managing Director : 전무

매니-징 디렉터-
Managing Director : 상무

디렉터-
Director : 이사

제너럴 매니-저-
General Manager : 부장

매니-저-
Manager : 과장

어씨쓰턴트 매니-저-
Assistant Manager : 대리

취-프
Chief : 계장

비즈니쓰 카-드
business card : 명함

오우너-
owner : 오너, 경영자

패-션 디자이너-
fashion designer : 디자이너

어 클로쓰 컷터- 패턴너-
a cloth - cutter : 패턴사(=patterner)
* 재단사는 옛날말씨이다.

웹 디자이너-
web designer : 웹디자이너

캘리어- 우-먼
carrier woman : 직장여성

제3과 가지고 있습니다! 03

예-쓰 위 헤브
Yes, we have!

1. 본문

두 유 헤브 애니 스팬 팬츠
Buyer : Do you have any spun pants?

예-쓰 위 두 데이 아- 온 스페셜 쎄일 나우
Seller : Yes, we do. They are on special sale now.

리얼리 데이 아- 하우 머치 디쓰카운트
Buyer : Really? (=They are?) How much discount

두 아이 겟
do I get?

잇 디펜즈 온 더 구-즈 비트윈 투엔티 퍼-센트
Seller : It depends on the goods. Between 20%

앤 써티퍼-센트
and 30%

올 라잇 홧 어바웃 디쓰 원
Buyer : All right. What about this one?

잇이쓰 써티 달러-즈
Seller : It is 30 dollars.

바이어　: 스판바지 있습니까?
판매사원 : 네, 있습니다. 오늘은 특별 세일을 하고 있습니다.
바이어　: 정말입니까. 어느 정도의 할인입니까?
판매사원 : 물건에 따라 20에서 30% 싸게 해 드립니다.
바이어　: 알겠습니다. 이것은 얼만가요?
판매사원 : 네, 그것은 30달러입니다.

2. 반복하기

두 유 헤브 애니 컷티드 닛트
1) Do you have any cutted knit?

컷트 앤드 쏘우
니트종류(CUT & SEW)는 있습니까?

두 유 케-리 애니 컷 쏘우 닛트
Do you carry any cut sew(=knit)?

컷트 앤드 쏘우
니트종류(CUT & SEW)는 취급합니까?

두 유 헤브 트렌치 코츠
Do you have trench coats?
트렌치코트는 있습니까?

※ cut knit이 맞는 말이나 실제로는 cutted knit, cutting knit라고 말한다.

두 유 헤브 쟈-깅 클로씽
2) Do you have jogging clothing? 죠깅복은 있습니까?

훼얼 이즈 더 쟈-깅 웨어-
Where is the jogging wear? 죠깅복은 어디에 있습니까.

훼얼 이즈 더 자-깅 클로씽
Where is the jogging clothing? 죠깅복은 어디에 있습니까?

하우 머치
3) How much.... ? 어느 정도~입니까?

하우 머치 이즈 디쓰
How much is this ? 어느 정도~입니까?

하우 머치 더-즈 잇 코스트
How much does it cost? 어느 정도~입니까?

하우 머치 디스카운트
4) How much discount .... ? 어느 정도 할인입니까.

하우 머치 디스카운트 켄 아이 겟
How much discount can I get?

어느 정도할인을 받을 수 있을까요?

온-리 디쓰
5) Only this? ~이것만(뿐)입니까?

져쓰트 댓
Just that? ~그것만(뿐)입니까?

온-리 디쓰 원
Only this one? ~이 물건만(뿐)입니까?

유 온-리 헤브 프리- 싸이즈
6) You only have free size...? 프리사이즈만 있습니까?

이즈 데어 온-리 프리- 싸이즈 원
Is there only free size one? 프리사이즈만 있습니까?

두 유 헤브 화이트 컬러- 온-리
7) Do you have white color only? 흰색만 있습니까?

두 유 헤브 온-리 화이트 컬러-
Do you have only white color? 흰색만 있습니까?

온-리 컷튼
8) Only cotton. 면만입니다. (=면만 있습니다.)

기 타

리-얼 제니언 이미테이션
1. Real (=Genuine) ↔ Imitation 진짜 ↔ 가짜, 짝퉁

오리지널 이미테이션
Original ↔ Imitation

어 바-긴
2. a bargain 싼 물건

디-즈 팬-츠 아- 어 바-긴 엣 투웬티투 달러즈
These pants are a bargain at $22.

이 바지는 싸게 해서 22달러입니다.

관련 패션 용어

바-긴 팬-츠
bargain pants : 싼 바지

바-긴 프라이쓰
bargain price : 싼 가격

드레쓰 업 포-멀 웨어-
dress-up : 정장(=formal wear)

케쥬얼 웨어-
casual wear : 캐주얼복장

스커-트
skirt : 스커트

레깅
legging : 레깅스, 정강이 바지

팬-츠
pants : 바지

수-트
suit : 신사복

재-킷
jacket : 자켓

진-즈 데님 팬-츠
jeans : 청바지(=denim pants)

슬랙쓰
slacks : 바지

패자마
pajamas : 파자마

셔-트
shirt : 셔츠

가격흥정

제4과 얼마입니까?

프라이쓰 니고시에이션 하우 머치 이즈 디쓰

Price Negotiation (How much is this?)

1. 본문

하우 머치 이즈 디쓰 드레쓰
Buyer : How much is this dress?

에이티나인 달러-즈
Seller : 98.00 dollars.

리테일 프라이쓰 오어- 홀-쎄일 프라이쓰
Buyer : Retail price or wholesale price?

이즈 뎃 어 리테일 프라이쓰 오어- 홀-쎄일 프라이쓰
(=Is that a retail price or wholesale price?)

리테일 프라이쓰 홀-쎄일 프라이쓰 이즈 씩쓰티파이브 달러-즈
Seller : Retail price. Wholesale price is 65.00 dollars

퍼- 피쓰
per piece.

잇쓰 어 리테일 프라이쓰 홀-쎄일 프라이쓰 이즈 씩쓰티
(=It's a retail price. Wholesale price is 65.00

달러-즈 퍼- 투웬티 피씨쓰
dollars per 20 pieces.)

어 리틀 빗트 익쓰펜씨브 플리-즈 깃 미 피브티
Buyer : A little bit expensive. Please give me 50
피씨쓰 포- 씩쓰티 달러-즈
pieces for 60.00 dollars.

오-케이
Seller : OK!

바이어 : 이 원피스(드레스)는 얼마입니까?
판매사원 : 98달러입니다.
바이어 : 소매가격입니까, 도매가격입니까?
판매사원 : 소매가격인데, 도매가격은 1장 기준으로 65달러 됩니다.
바이어 : 좀, 비싸군요. 50장 살 테니까, 60달러로 해 주십시오.
판매사원 : 네, 좋습니다.

2. 반복하기

어 리틀 빗 익쓰펜씨브
1) A little bit expensive. 조금 비싸군요.
머치 익쓰펜씨브
Much expensive. 매우 비싸군요.
잇 코스츠 어 랏
It costs a lot. 매우 비싸군요.

베-리 익쓰펜씨브
2) Very expensive. 굉장히 비싸군요.
잇쓰 쏘우 머치 익쓰펜씨브
It's so much expensive. 상당히 비싸군요.

프리-즈 깃 미 썸 디쓰카운트
3) Please give me some discount. 좀 싸게 해주십시오.

프리-즈 깃 미 모어- 디쓰카운트
Please give me more discount. 좀 더 싸게 해주십시오.

프리-즈 깃 미 어 텐퍼-센트 디쓰카운트
4) Please give me a 10% discount.
10%정도 가격인하 해 주십시오.

쿠 쥬 깃 미 어 텐퍼-센트 디쓰카운트
Could you give me a 10% discount?
10%정도 가격인하 해 주실 수 있습니까?

프리-즈 겟 미 어 텐퍼-센트 디스카운트
Please get me a 10% discount.
10%정도 가격인하 해 주십시오.

더 모어- 더 치-퍼-
5) The more the cheaper.
수량이 많으면 싸집니다.

더 모어- 어마운트 더 치-퍼- 프라이쓰
The more amount the cheaper price.
수량이 많으면 싸집니다.

이프 유 오-더- 모어- 위 켄 기브 유 어 치-퍼- 프라이쓰
If you order more, we can give you a cheaper price.
더 많이 주문하면 싸게 드릴 수 있습니다.

어 빅 오-더- 켄 비 치-퍼- 댄 디쓰 프라이쓰
6) A big order can be cheaper than this price.
빅오-더(big order: 대량 주문)라면 이 가격보다 더 싸집니다.

어 벌크 오-더- 켄 비 치-퍼- 댄 디쓰 프라이쓰
A bulk order can be cheaper than this price.
대량주문하면 이 가격보다 더 싸집니다.

이즈 더 프라닥트 챠-쥐 프리페-이드
7) Is the product charge pre-paid?
상품대는 선불입니까?

메이 아이 페-이 포- 더 프라닥트 인 어드벤쓰
May I pay for the product in advance?
상품대는 선불해야 합니까?

메이 아이 페-이 포- 더 구-즈 인 어드벤쓰
May I pay for the goods in advance?
상품대는 선불해야 합니까?

이즈 더 프라닥트 챠-쥐 페-이 온 딜리버리
8) Is the product charge paid on delivery?
제품대는 후불입니까?

켄 아이 페-이잇 레이터-
Can I pay it later?
제품대는 후불입니까?

더 샘플 챠-쥐 이즈 프리 페-이드
9) The sample charge is pre-paid.
견본대금은 선불입니다.

더 쌤플 슈드 비 페이드 인 어드밴쓰
The sample should be paid in advance.
견본대금은 선불해야 합니다.

더 챠-쥐 포- 어 쌤플 슈드 비 프리페-이드
The charge for a sample should be pre-paid.
견본대금은 선불입니다.

휀 슈드 아이 페-이 포- 더 쌤플
10) When should I pay for the sample?
언제 지불해야 합니까?

휀 슈드 아이페-이 잇
When should I pay it?
언제 지불해야 합니까?

관련 패션 용어

오퍼-
offer : 가격제시

컨트랙트씻-트
contract sheet : 계약서

퍼-센트
percent : 퍼센트(%)

크레딧트
credit : 외상, 미불

켓쉬
cash : 현금

크레딧트 카-드
credit card : 신용카드

프리페-이
prepay : 선불

미니멈 오-더-
mimimum order : 최소수량

멕씨멈 오-더-
maximum order : 최다수량

제5과 소재

05

메트리얼
Material

1. 본문

홧 이즈 더 얀 어브 디쓰 페브릭
Buyer : What is the yarn of this fabric?

잇쓰 나이티에잇퍼-센트 컷튼 앤 투퍼-센트 스펜덱쓰
Seller : It's 98% cotton and 2% spandex.

오-케이 잇 민즈 잇 스트레취즈 웰
Buyer : OK, It means, it stretches well.

예스 잇쓰 베리 익쓰펜더블
Seller : Yes, it's very expandable.

이즈잇 메이드 인 챠이나
Buyer : Is it made in China?

노우 인 그레이 이즈 메이드 인 챠이나 벗 다-이드
Seller : No, in-gray is made in China but dyed

인 코리-어
in Korea.

바이어 : 이 원단은 무슨 실입니까?
판매사원 : 네, 98% 면이고 2%는 스판(SPUN)입니다.
바이어 : 하, 그렇습니까. 그러면, 늘어나기 쉽겠네요.
판매사원 : 네, 그렇습니다. 잘 늘어납니다.
바이어 : 중국산입니까?
판매사원 : 아니오. 생지는 중국산이지만, 한국에서 염색한 것입니다.

2. 반복하기

홧 메트리얼 이즈 잇 메이드 어브
1) What material is it made of?
이것은 무슨 원단으로 만들었습니까?

홧 카인 어브 얀~ 워즈 디쓰 페브릭 메이드 어브
What kind of yarn was this fabric made of ?
이 옷감은 무슨 실로 만들었습니까?

홧 카인 어브 얀~ 이즈 디쓰 메트리얼 메이드 어브
What kind of yarn is this material made of ?
이 옷감은 무슨 실로 만들었습니까?

홧 카인 오브 메트리얼 디즈 유 유즈
2) What kind of material did you use?
무슨 종류 옷감을 사용했습니까?

홧 카인 오브 페브릭 디즈 유 유즈
What kind of fabric did you use?
무슨 종류 옷감을 사용했습니까?

왓 카인 어브 메트리얼 두 유 유즈 투 메이크 잇
What kind of material do you use to make it?
저것은 어떤 옷감으로 제작했습니까?

피브티퍼-센트 컷튼 피브티퍼-센트 폴리에스터-
3) 50% cotton, 50% polyester.
반은 면(cotton)이며, 반은 포리에스텔입니다.

할프 어브 뎀 이즈 컷튼 앤 더 레스트 이즈 폴리에스터-
Half of them is cotton and the rest is polyester.
반은 면(cotton)이며, 나머지는 포리에스텔입니다.

예- 나인티에잇퍼-센트 이즈 컷튼 앤 투퍼-센트 이즈 스펜덱쓰
Yeah, 98% is cotton and 2% is spandex.
네, 98%는 면이고, 나머지2%는 스판입니다.

나인티퍼-센트울- 텐퍼-센트 나일론
90% wool, 10% nylon.
90%는 모직이고 10%는 나일론입니다.

이즈 잇 잇 머스트 비 이-지리 익쓰펜디블
4) Is it? It must be easily expandiable.
그렇습니까? 그럼 쉽게 늘어나겠네요.

예스 잇쓰 베리 익쓰펜디블
Yes, it's (=it is) very expandiable.
네, 아주 쉽게 늘어납니다.

노우 더 페브릭 워즈 메이드 인 차이나 벗 다-이드 인 코리어
5) No, the fabric was made in China but dyed in Korea.
아니오, 옷감은 중국산이고 염색은 한국에서 했습니다.

노우 쏘우잉 워즈 던- 인 챠이나 벗 디자인드 인 코리어
No, sewing was done in China but designed in Korea.
아니오, 박음질은 중국에서 했고 디자인은 한국입니다.

미쓰터- 사또 이즈 어 재페니즈 미쓰털 마오 이즈 어 챠이니즈
6) Mr.Sato is a Japanese. Mr. Mao is a Chinese.
사토씨는 일본사람이고, 마오씨는 중국사람입니다.

미쓰터- 크리쓰 이즈 어메리칸 미쓰터- 마오 이즈 챠이니즈
Mr. Chris is American, Mr.Mao is Chinese.
크리쓰씨는 미국사람이고, 마오씨는 중국사람입니다.

잇쓰 이지 투 이-트
7) It is (=It's) easy to eat. 먹기 쉽(좋)습니다.

잇쓰 이지 투 드링크
It's (=It is) easy to drink. 마시기 쉽(좋)습니다.

잇쓰 이지 투 쏘우
It is easy to sew. 박(꿰매)기 쉽(좋)습니다.

잇쓰 이지 투 웨어-
It's easy to wear. 입기 쉽(좋)습니다.

잇 쉬링크스 웰-
8) It shrinks well. 잘 줄어듭니다.

잇쓰 오-케이
9) It's OK? 잘 되었습니까? (=좋아 졌습니까?)

이즈 뎃 오-케이
Is that OK? 잘 되었습니까? (=좋아 졌습니까?)

낫- 굿
10) Not good. 좋지 않군요.

덧쓰 낫- 굿
That's not good. 좋지 않군요.

워즈 잇 메이드 인 차이나
11) Was it made in China? 중국에서 만들었습니까?.

잇 워즈 메이드 인 차이나
It was made in China. 중국산입니다.

잇 워즈 메이드 인 개성 어브 노-스 코리어
It was made in Gaesung(開城) of North Korea.

그것은 북한 개성에서 만들어 졌습니다.

관련 패션 용어

컴포지션
composition : 혼용률, 구성비율

얀 다이드 피-쓰 다이드
yarn dyed(선염) ↔ **piece dyed**(후염)

얀 카운트
yarn count : 실의굵기, 번수

덴씨티
density : 밀도, 농도

데니어-
denier : 데니아 ※ 견이나 화섬 필라멘트실에 쓰며 기준 길이 450미터로 단위 중량이 0.05g일 때 굵기가 1데니아 이다.

린넨
linen : 마

레이욘
rayon : 레이욘

텃취 필-링
touch : 옷감의 감촉(=feeling)

소프트
soft : 부드럽다

하-드
hard : 딱딱하다

06 제6과 사이즈

싸이즈
Size

레디-즈 웨어- 우-먼즈 드레쓰
(1) Ladies wear (=Women's dress) 여성복

멘즈 웨어- 멘즈 클로씽
(2) Men's wear (=Men's clothing) 남성복

췰드런즈 웨어- 췰드런즈 클로씽
(3) Children's wear (=Children's clothing) 아동복

1. 본문

홧 이즈 더 싸이즈 어브 댓
Buyer : What is the size of that?

잇쓰 더 미디움 싸이즈
Seller : It's the medium size.

두 유 헤브 어 리틀 비거- 원
Buyer : Do you have a little bigger one?

예스 위 헤브 싸이즈 엘
Seller : Yes, we have size L.

아이씨- 잇 룩쓰 어 리틀 스몰러- 댄 어메리칸

Buyer : I see. It looks a little smaller than American

스탠다-드

standard.

메이 아이 첵-크 더 렝스 어브 잇

May I check the length of it?

히어- 이즈 더 메-저-

Seller : Here is the measure.

쌩-스 어 랏트 켄 아이 헤브 디쓰 원 컷 바이

Buyer : Thanks a lot. Can I have this one cut by

투 인치-즈

2 inches?

Buyer : 그것은 무슨 사이즈(size)입니까?

Seller : 이것은 엠(M ; 중간)사이즈입니다.

Buyer : 그것보다 조금 큰 사이즈는 없습니까?

Seller : 아니오, 있습니다. 이것은 엘(L ; 큰)사이즈입니다만.

Buyer : 알았습니다.

미국인 기준(standard)보다 작아 보입니다만.

기장을 재 볼까요?

Selle : 자는 여기에 있습니다.

Buyer : 정말(감사합니다.)

2센치 정도 자를 수 있을까요?

2. 반복하기

샬 아이 첵-크 유어- 싸이즈
1) Shall I check your size? 사이즈를 재볼까요?
렛쓰 첵-크 유어- 싸이즈
Let's check your size. 칫수를 재봅시다.
렛 미 테이크 유어- 메-저-먼츠
Let me take your measurements. 칫수를 재봅시다.

샬 위 메이크 더 쌤플
2) Shall we make the sample? (그)샘플을 만들어 볼까요?
샬 위 메이크 어 쌤플
Shall we make a sample? 샘플 하나를 만들어 볼까요?

댓 이즈 숄터- 댄 디쓰
3) That is shorter than this. 이것보다 그것이 짧군요.

동대문 마-켓 이즈 머치 비거- 댄
4) Dongdamun(東大門) market is much bigger than
애니 디파-트먼트 스토어-즈
any department stores.
그 어떤 백화점보다 동대문이 훨씬 더 크다.

코리어즈 호텔즈 아- 모어- 익쓰펜씨브 댄 도우즈
Korea's hotels are more expensive than those
어브 어메리카
of America.
한국호텔비가 미국보다 더 비싸군요.

호텔 챠-쥐 인 코리어이즈 모어- 익쓰펜씨브 댄 인
Hotel charge in Korea is more expensive than in
어메리카
America.
호텔비는 한국이 미국보다 더 비싸군요

샬 위 테이크 잇
5) Shall we take it? 먹어볼까요.
샬 위 드링크 잇
Shall we drink it? 마셔볼까요.
샬 위 고-
Shall we go? 가볼까요.

홧 이즈 온 더 박쓰
6) What is on the box? 박스위에 무엇이 있습니까?
횟쓰 온 더 박쓰
What's on the box? 박스위에 무엇이 있습니까?
횟 이즈 인 더 박쓰
What is in the box? 박스안에 무엇이 있습니까?
횟쓰 인 더 박쓰
What's in the box? 박스안에 무엇이 있습니까?
횟 이즈 언더- 더 박쓰
What is under the box? 박스밑에 무엇이 있습니까?
횟쓰 언더- 더 박쓰
What's under the box? 박스밑에 무엇이 있습니까?

히어- 이즈 언 아이언
7) Here is an iron. 여기에 아이론(다리미)이 있습니다.
히어- 아- 씨저-즈
Here are scissors. 가위가 있습니다.

히어- 아- 씨저-즈
Here are scissors. 가위가 있습니다.

히어- 이즈 어 컬큐레이터-
Here is a calculator. 전자계산기가 있습니다.

플리-즈 컷 디쓰
8) Please cut this. 이것을 잘라 줘요

플리-즈 헤브 디쓰 원 컷
Please have this one cut.

플리-즈 타이 투게더-
9) Please tie together. 이것을 이어 줘요.

플리-즈 커넥트 위드 잇 투게더-
Please connect with it together.

플리-즈 언타이 더 스트링즈 슈레이씨즈
10) Please untie the strings (shoelaces).
줄(신발끈)을 풀어 줘요.

플리-즈 언탱글 더 스레드
Please untangle the thread.
(실을 푸는 경우) 실을 풀어 줘요.

관련 패션 용어

베이비 웨어-
baby wear : 유아복
(0~2세 아기)

스몰
Small : 소

라-지
Large : 대

버-스트
burst : 가슴둘레

웨이스트
waist : 허리

카라-
collar : 깃

토들러-
Toddler : 3~5세의 아기

미디움
Medium : 중

엑쓰 라-지 엑쓰트라 라-지
X`-Large : 특대(extra large)

숄더- 렝스
shoulder length : 어깨폭

보텀
bottom : 밑단

프랏킷
Placket : 앞단

07 제7과 칼라

컬러-

Color

안 다이드
(1) yarn dyed 선염

피-쓰 다이드
(2) piece dyed 후염

1. 본문

하우 매니 컬러-즈 두 유 헤브 온 디쓰 아이템
Buyer : How many colors do you have on this item?

위 헤브 쓰리 컬러-즈 레드, 블루 앤 옐로-
Seller : We have three colors-red, blue and yellow.

낫 이너-프
Buyer : Not enough.

렛쓰 메이크 어 쌤플 위드 블루 컬러-
Let's make a sample with blue color.

플리-즈 다이 잇 머치 라이터-
Please dye it much lighter.

오-케이 하우 어바웃 디스 컬러-
Seller : OK, how about this color?

덧 이즈 베리 블라잇
Buyer : That is very bright.

바이어 : 이 칼라는 몇 종류 있습니까?
판매사원 : 빨간색, 파란색, 노란색 3종류 있습니다.
바이어 : 적군요.
견본은 이 파란 색깔로 합시다.
그렇지만, 훨씬 더 연하게 염색해 주십시오.
판매사원 : 알겠습니다. 이 칼라는 어떻습니까?
바이어 : 그것은 굉장히 밝군요.

2. 반복하기

하우 매니 컬러-즈 두 유 헤브 온 디스 아이템
1) How many colors do you have on this item?
이것은 몇 색깔 있습니까?

하우 매니 스타일즈 두 유 헤브 온 디스 아이템
How many styles do you have on this item?
이것은 몇 스타일이 있습니까?

하우 매니 페브릭 패턴-즈 두 유 헤브 온 디스 아이템
How many fabric patterns do you have on this item?
이것은 몇 원단패턴이 있습니까?

디쓰 매트리얼 헤즈 어 베리 블라잇 컬러-
2) This material has a very bright color.
이 소재는 아주 화려한 색깔이군요.

디쓰 매트리얼 헤즈 어 리틀 다-크 톤- 컬러-
This material has a little dark tone color.
이 소재는 약간 어두운 색깔이군요.

디쓰 매트리얼 헤즈 어 패스텔 톤-
This material has a pastel tone.
이 소재는 엷고 부드러운 계통의 색조군요.

위 헤브 매니 스탁쓰 위드 더 티씨- 원즈
3) We have many stocks with the T/C ones.
이 T/C 재고가 많이 있습니다.

위 헤브 매니 스탁쓰 위드 더 씰크 원즈
We have many stocks with the silk ones.
이 실크는 재고가 많이 있습니다.

더 스탁쓰 어브 더 매트리얼즈 이즈 레프트 온리 원헌드렛야-드
The stock of the materials is left only 100 yard.
이 소재의 재고는 100야드 밖에 없습니다.

위 헤브 온리 블랙 컬러-
4) We have only black color.
검정색 밖에 없습니다.

위 헤브 온리 그린- 티- 컬러-
We have only green tea color.
녹차색 밖에 없습니다.

렛쓰 메이크 어 쌤플 위드 디쓰 컬러-
Let's make a sample with this color.
샘플칼라는 이것으로 합시다.

렛 어스 헤브 더 블루 컬러- 포- 더 쌤플
Let us have the blue color for the sample.
견본은 이 블루칼라로 합시다.

횟 컬러-즈 두 유 라이크
5) What colors do you like?
무슨 색깔을 좋아합니까?

횟 카인 어브 스타일즈 두 유 라이크
What kind of styles do you like?
무슨 스타일을 좋아합니까?

횟 컬러- 두 유 씽크 이즈 메칭 위드 잇
What color do you think is matching with it?
무슨 색깔이 맞습니까?

하우 매니 디퍼-렌트 컬러-즈 두 유 헤브
6) How many different colors do you have?
이 칼라는 몇 종류 있습니까?

데어- 아- 저스트 레드, 블루 앤 예로- 컬러-즈
There are just red, blue, and yellow colors.
빨간색과 파란색, 노란색 3종류가 있습니다.

데어- 아- 낫 머치
There are not much.
적군요.

데이 아- 낫 이너-프
They are not enough.
적군요.

씬스 잇 이즈 다-크 블루 아이 원 투 다이 잇 모어- 라이터-
7) Since it is dark blue, I want to dye it more lighter.
그렇지만, 너무 진한 칼라이므로, 더 연하게 염색해 주십시오.

아이 씽크 더 레드 이즈 투 라잇 아이 원트 잇 다이드 모어-
I think, the red is too light, I want it dyed more
다-커-
darker.
그렇지만, 빨간색이 너무 연하니까, 더 진하게 염색해 주십시오.

아이 씨 훳 어바웃 디쓰 컬러-
8) I see. What about this color?
알겠습니다. 이 칼라는 어떻습니까?

잇 이즈 웨이 투 블라잇
It is way too bright.
그것은 아주 너무 밝군요.

잇 이즈 투 스트롱
It is too strong.
그것은 너무 강하군요.

관련 패션 용어

블랙
black : 검정

핑크
pink : 핑크

오-렌지
orange : 오렌지

퍼-플
purple : 퍼플

그레이
grey(=gray) : 그레이

컬러-풀
colorful : 화려함

쏘리드
solid : 단색

비-커- 테스트
beaker test : 실험실 비커테스트

T/C : Tetoron과 Cotton을 섞어 만든 합성섬유의 명칭

08 제8과 음료수 주문

애쓰킹 포- 썸씽 투 드링크
Asking for something to drink

1. 본문

플리-즈 씻 다운
Seller : Please sit down.

쌩큐-
Buyer : Thank you.

횟 우 쥬 라이크 투 드링크
Seller : What would you like to drink?

메이아이 헤브 썸 오-렌지 쥬-스
Buyer : May I have some orange juice.

오-케이 아이 씨
Seller : OK, I see.

판매사원 : 자, 앉아 주십시오.
바이어 : 고맙습니다.
판매사원 : 마실 것은 무엇으로 하시겠습니까?
바이어 : 오렌지쥬스로 하겠습니다.
판매사원 : 네, 알았습니다.

2. 반복하기

왓 우 쥬 라이크 투 드링크
1) What would you like to drink?
마실 것은 무엇이 좋습니까?

우 쥬 케어- 포- 썸 드링크
Would you care for some drink?
무얼 좀 마시겠습니까?

왓 이즈 유어- 페이버릿트 드링크
What is your favorite drink?
마실 것은 무엇이 좋을 지요?

애니씽 우드 비 올라잇
2) Anything would be alright. 뭐든지 좋습니다.

애니씽 우드 비 그레잇
Anything would be great. 뭐든지 좋습니다.

애니씽 우드 비 오-케이
Anything would be okay. 뭐든지 괜찮습니다.

커피- 플리-즈
3) Coffee, please. 커피로 하지요.

아이 우드 라이크 핫 커피-
I would like hot coffee. 저는 더운 커피로 하겠습니다.

아이 원 썸 아이스트 커피-
I want some iced coffee. 아이스커피 주세요.

아이 우드 라이크 투 해브 어 컵 어브 핫 커피-
I would like to have a cup of hot coffee.
저는 뜨거운 커피로 하겠습니다.

티-　　플리-즈
Tea, please.
저는 차로 하겠습니다.

워터-　　플리-즈
Water, please.
저는 물로 하겠습니다.

어 글래쓰 어브 워터-　　우드　　비 파인
A glass of water would be fine.
물이면 좋겠습니다.

헬프　유어쎌프
4) Help yourself.
자, 드십시오.

관련 패션 용어

베버-리쥐
beverage : 음료수

소프트 드링크
soft drink : 음료수

엘코홀-
alcohol : 주류, 술

토매-토　쥬-스
tomato juice : 토마토 쥬스

슈거-
sugar : 설탕

아이쓰 커피-
iced coffe : 아이스커피

제9과 디자인 기획

09

디자인 플랜싱
Design planning

1. 본문

훳 카인 어브 디자인 이즈 인 스타일 인 재팬
Seller : What kind of design is in style in Japan?

더 밀리터-리 룩 이즈 인 스타일 인 시부야 이치마루큐-
Buyer : The military look is in style in Shibuya 109
비율딩
Building.

오-케이 아이 씨 잇 이즈 어 뉴 어라이벌 아이템 어브 마이
Seller : OK. I see. It is a new arrival item of my
컴패니 더 컬러- 어브 디쓰 아이템 이즈 굿
company. The color of this item is good
포- 더 커-렌트 트렌즈
for the current trends.

오우 굿 파티큘러-리 아이 라이크 더 콘트라스팅
Buyer : Oh, good. Particularly, I like the contrasting
컬러- 플리-즈 첵-크 더 스팃치즈 투 수-트 포-
color. Please check the stitches to suit for

더 매트리얼 어브 더 클로씽
the material of the clothing.

아이 씨 휫 카인 어브 라이닝 두 유 원트
Seller : I see. What kind of lining do you want?

투 아운씨즈 씬 우드 비 오우-케이
Buyer : Two ounces thin would be OK.

판매사원 : 지금 일본에서는 어떤 스타일이 유행하고 있습니까?
바이어 : 시부야 109(빌딩)에서는 밀리터리룩(military looks)이 유행하고 있습니다.
판매사원 : 역시 그렇겠군요. 이것은 당사의 신상품입니다. 칼라도 트렌드에 맞혔습니다.
바이어 : 하, 멋있군요. 특히 배색(contrast)이 잘 어울리는 군요. 박음질(stitch)은 옷감에 맞혀 주기 바래요.
판매사원 : 알겠습니다. 안감솜은 무엇을 쓸까요?
바이어 : 2온스로 얇은 것을 넣어주기 바랍니다.

2. 반복하기

나우 휫 카인 어브 디자인 이즈 인 스타일 인 뉴-욜크
1) Now what kind of design is in style in NewYork?
지금 뉴욕에서는 어떤 스타일이 유행하고 있습니까?

휫 카인 어브 디자인 이즈 인 패-션 인 재팬- 나우
What kind of design is in fashion in Japan now?
최근 일본에서는 어떤 스타일이 유행하고 있습니까?

나우어데이즈 홧 카인 어브 디자인 이즈 부-밍 인
Nowadays what kind of design is booming in

재팬-
Japan?

요즈음 일본에서는 어떤 스타일이 유행하고 있습니까?

더 미리털리 룩 이즈 인 스타일 인 시부야 이치마루큐 비율딩
2) The military look is in style in Shibuya 109 Building.

시부야109빌딩에서는 밀리터리룩이 유행하고 있습니다.

애니멀 룩 이즈 인 패-션 인 신주쿠 알타 비율딩
animal look is in fashion in Shinjuku Alta Building.

신주쿠알타빌딩에서는 애니멀룩이 유행하고 있습니다.

디 인디안 룩 이즈 인 부-밍 인 시부야 이치마루큐
The Indian look is in booming in Shibuya 109

비율딩
Building.

시부야109빌딩에서는 인디안룩이 유행하고 있습니다.

오우케이 아이 씨 잇 이즈 아우어- 어 뉴 어라이벌 아이템
3) OK. I see. It is our a new arrival item.

알았습니다. 이것은 저희 신상품입니다.

오우케이 아이 씨 잇 이즈 어 뉴 브랜드 어브 마이 컴패니
OK. I see. It is a new brand of my company.

알았습니다. 이것은 저희회사 신상품입니다.

오우케이 아이 씨- 잇이즈 어 뉴 쌤플 어브 마이 컴패니
OK. I see. It is a new sample of my company.

알았습니다. 이것은 저희회사 신상품입니다

더 컬러- 이즈 굿 포- 더 커렌트 트렌즈
4) The color is good for the current trends.
색깔이 요즈음 트렌드에 맞습니다.

더 컬러- 이즈 올쏘 굿 포- 더 트렌즈
The color is also good for the trends.
색깔이 역시 트렌드에 맞습니다.

위 매칫트 컬러-즈 투 더 트렌즈
We matched colors to the trends.
칼러를 트렌드에 맞혔습니다.

오우 굿 에스페셜리 콘트라스팅 컬러- 이즈 굿
5) Oh, good! Especially contrasting color is good.
좋군요. 특히 배색이 좋습니다.

오우 굿 에스페셜리 콘트라스트 이즈 어 굿 맷취 포- 댓
Oh good. Especially contrast is a good match for that. 좋군요. 특히 배색이 좋습니다.

오우 원더-풀 파-티큘러리 아이 라이크 더 콘트라스팅 컬러-
Oh, wonderful. Particularly, I like the contrasting color. 참 좋군요. 특히 배색이 좋습니다.

플리-즈 첵크 더 스팃취즈 투 수-트 포- 더 메트리얼
6) Please check the stitches to suit for the material.
부디 원단에 박음질 실을 맞춰 주세요.

플리-즈 첵크 더 스팃취즈 위드 메트리얼
Please check the stitches with material.
부디 원단에 박음질 실을 맞춰 주세요.

아이 원트 더 스팃취즈 맷취트 위드 텍쓰타일
I want the stitches matched with textile.
원단에 실을 맞춰 주세요.

투 아운씨즈 씬 이즈 오우케이
7) 2 oz(=ounce) Thin is okay.
2온스 얇은 것이면 좋아요.

투 아운씨즈 씬 우드 비 오우케이
Two ounces thin would be okay.
2온스 얇은 것이면 좋아요.

풋 인투 씬 컷튼 위드 투 아운씨즈 플리-즈
Put into thin cotton with two ounces, please.
2온스 얇은 면을 넣어 주세요.

디쓰 메트리얼 이즈 하-드 텃취
8) This material is hard touch.
이 옷감의 감촉은 딱딱하군요.

더 메트리얼 어브 디쓰 클로씽 필-즈 하-드
The material of this clothing feels hard.
이 옷감의 감촉은 딱딱하군요.

더 텃취 오브 디쓰 메트리얼 이즈 하-드
The touch of this material is hard.
이 소재(=옷감)의 터치(=감촉)는 딱딱하군요.

더　필-링　오브 디쓰　메트리얼 이즈　소프트
9) The feeling of this material is soft.
이 원단(=옷감)의 필링(=감촉)은 부드럽군요.

더　메트리얼　오브 디쓰　클로씽　필즈　소프트
The material of this clothing feels soft.
이 원단(=옷감)의 필링(=감촉)은 부드럽군요.

하우　매니　쌤플즈　두　유　메이크　퍼-　씨-즌
10) How many samples do you make per season?
계절 별 샘플은 몇 스타일 정도 제작합니까?

하우　매니　쌤플즈　두　유　메이크　에브리　씨-즌
How many samples do you make every season?
계절 마다 샘플은 몇 스타일 정도 제작합니까?

훳　이즈　유어-　컴패니　스페셜　아이템
11) What is your company special item?
귀사의 특별상품은 무엇입니까?

훳　이즈　유어-　컴패니-즈　스페셜　프라덕트
What is your company's special product?
귀사의 특별상품은 무엇입니까?

훳　이즈　유어-　컴패니-즈　메인　아이템
12) What is your company's main item?
귀사의 주요(main) 상품은 무엇입니까?

훳　이즈　디　임포-텐트　아이템 어브　유어-　컴패니
What is the important item of your company?
귀사의 주요상품은 무엇입니까?

잇쓰 나이쓰
13) It's nice. 정말 멋있군요.

잇쓰 굿
It is good. 정말 멋있군요.

잇쓰 오우썸
It's awesome. 정말 멋있군요.

잇쓰 그레이트
14) It is great. 정말 훌륭하군요.

잇 룩쓰 웰
It looks well. 아주 어울립니다.

룩쓰 베리 굿
Looks very good. 딱 어울립니다.

잇 고우즈 위드 유
It goes with you. 당신에게 딱 어울립니다.

잇쓰 네버- 씬
15) It's never thin. 전혀 연하지(얇지) 않습니다.

잇쓰 낫 뎃 머치 씬
16) It's not that much thin. 별로 연하지(얇지) 않습니다.

잇쓰 낫 쏘우 머치 씬
It's not so much thin. 별로 연하지(얇지) 않습니다.

잇 이즈 낫 씬 엣 올
17) It is not thin at all. 조금도 연하지(얇지) 않습니다.

낫 씬 엣 올
Not thin at all. 조금도 연하지(얇지) 않습니다.

관련 패션 용어

유니섹쓰
unisex : 남녀공용

패-션 어드바이져-
fashion adviser : 패션어드바이져

샵 매스터-
shop master : 샵마스터

컴비네이션
combination : 콤비네이션

씽글 재킷
single jacket : 싱글자켓

떠블 재킷
double jacket : 더블자켓

컬러- 트렌드
color trend : 칼라트렌드

제10과 주문과 계약(결제)

오-더- 앤 컨트렉트 (페이먼트)
Order & Contract (Payment)

1. 본문 ①

아이 윌 오-더- 디쓰 원 비코-즈 아이 라이크 더 쌤플
Buyer : I will order this one because I like the sample.

쌩큐-
Seller : Thank you.

프롬 더 스타일 넘버- 원 투 쓰리 히어- 아- 원헌드레드
Buyer : From the style number 1 to 3, here are 100
피씨스 포- 이치 원 앤드 프롬 포울 투 파이브 히어-
pieces for each one, and from 4 to 5 here
아- 피브티 피씨스 퍼- 이치 스타일
are 50 pieces per each style.
잇 컴즈 포울 헌드레드 피씨스 인 토우털
It comes 400 pieces in total.

이즈 댓 라잇 플리-즈 첵크 더 싸이즈 앤드
Seller : Is that right? Please check the size and
더 컬러- 아소-츠
the color assorts.

아이 윌 렛츠 유 노우 뎀 애프터- 고우잉 빽 투
Buyer : I will let you know them after going back to
뉴욕-크
NewYork.
유 헤브 투 억셉프트 올 더 스타일즈 위드 어
You have to accept all the styles with a
피-쓰 어브 더 컨펌-드 샘플 바이 미
piece of the confirmed sample by me.
메이 아이 헤브 뎀 나우
May I have them now?

바이어 : 샘플이 좋아서, 주문하겠습니다.
판매사원 : 고맙습니다.
바이어 : 스타일넘버 1번부터 3까지는 각100장,
그리고 4번부터 5번은 50장씩입니다.
합계 400장이 되는군요.
판매사원 : 그렇습니까. 사이즈와 칼라 구색(ASSORT)을 확인해 주십시오.
바이어 : 그것은 뉴욕에 돌아가서 알려드리겠습니다.
모든 스타일 확인견본을 1장씩 만들어 승락을 받아 주십시오.
지금 주실(=입수 할) 수 있나요?

2. 본문 ②

플리-즈 센드 뎀 투 뉴욕-크
Buyer : Please send them to NewYork.
인 오-더-포- 뎀 투 어라이브 인 노우 레이터- 댄
in order for them to arrive in no later than
넥쓰트 위켄드
next weekend.

오우케이 위 윌 킵- 더 딜리버리 데잇트
Seller : OK. We will keep the delivery date.
플리-즈 페이 포- 더 쌤플즈 위드 케쉬
Please pay for the samples with cash.

위 윌 페이 티티 플리-즈 깃 미 유어-
Buyer : We will pay T/T. Please give me your
뱅크 어카운트 넘버-
bank account number.

바이어 : 납기는 늦어도 내주 말까지는
뉴욕에 도착하도록 부탁합니다.
판매사원 : 네, 납기는 틀림없이 지키겠습니다.
샘플은 현금으로 지불해 주십시오
바이어 : 전신환베이스로 불입할테니까,
은행계좌번호를 가르쳐 주십시오.

3. 반복하기

아이 윌 메이크 언 오-더-
1) I will make an order. 발주하겠습니다.

아이 윌 플레이쓰 언 오-더-
I will place an order. 주문(order)하겠습니다.

하우 롱 더즈 잇 테이크 프롬 서울 투 시카고
2) How long does it take from Seoul to Chicago?
서울에서 시카고까지 어느 정도 걸립니까?

하우 매니 아우어-즈 니디드 프롬 서울 투 뉴욜-크
How many hours needed from Seoul to NewYork?
서울에서 뉴욕까지 어느 정도 걸립니까?

하우 롱 더즈 잇 테이크 프롬 더 샵 투 더 팩토리
How long does it take from the shop to the factory?
가게에서 공장까지 어느 정도 걸립니까?

어바웃 포-틴 아우어-즈 바이 플레인
3) About 14 hours by plane.
비행기로 14시간 정도 걸립니다.

잇 테잌크스 져스트 원 아우어- 바이 프라잇트
It takes just 1 hour by flight.
비행기로 1시간 정도 걸립니다

잇 테잌크스 져스트 텐 미닛츠 바이 카-
It takes just 10 minutes by car.
자동차로 딱 10분 걸립니다.

잇 테익크쓰 파이브 미닛츠 온 풋트
4) It takes 5 minutes on foot.
걸어서 5분밖에 걸리지 않습니다.

잇 테익크스 파이브 미닛츠 바이 워-크
It takes 5 minutes by walk.
걸어서 5분밖에 걸리지 않습니다.

플리-즈 억셉프트 더 컨퍼-메이션
5) Please accept the confirmation.
확인을 받아 주십시오.

플리-즈 어프루-브 더 컨퍼-메이션
Please approve the confirmation.
확인을 받아 주십시오.

휀 이즈 더 듀 데잇트 포- 딜리버리
6) When is the due date for delivery?
납기는 언제까지 입니까?

휀 이즈 더 딜리버리 데잇트
When is the delivery date?
납기(Delivery: 딜리버리)는 언제 입니까?

휀 샬 아이 센드 잇 투 유
When shall I send it to you?
운송은 언제 할까요?

플리-즈 킵- 더 딜리버리 데잇트
7) Please keep the delivery date.
납기일을 맞춰 주십시오.

플리-즈 메이크 슈어- 투 밋 더 딜리버리 데잇트
Please make sure to meet the delivery date.
납기일을 맞출 수 있도록 신경 써 주십시오.

플리-즈 첵크 낫 투 디레이 더 쉽프먼트
Please check not to delay the shipment.
선적지연 되지 않도록 신경 써 주십시오

플리-즈 두 유어- 베스트 인 오더- 포- 뎀 투 어라이브
Please do your best in order for them to arrive
온 타임
on time. 제때에 도착할 수 있도록 힘써 주십시오.

위 돈 니드 어 컨트랙트 씨-트
8) We don't need a contract sheet.
계약서는 쓰지 않아도 좋아요.

위 돈 니드 어 컨트랙트 다큐멘트
We don't need a contract document.
계약서는 필요 없어요.

잇쓰 오우케이 위드아웃 어 컨트랙트
It's okay without a contract.
계약은 하지 않아도 괜찮습니까.

플리-즈 페이 포- 더 쌤플즈 위드 케쉬
9) Please pay for the samples with cash.
샘플은 현금으로 지불해 주십시오

플리-즈 페이 인 케쉬 포- 쌤플즈
Please pay in cash for samples.
샘플은 현금으로 지불해 주십시오

위 윌 페이 바이 티티
We will pay by T/T.
전신환베이스로 불입하겠습니다.

아이 윌 메이크 더 페이먼트 바이 텔레글래픽
I will make the payment by telegraphic.
전신환으로 지불 하겠습니다.

플리-즈 깃 미 유어- 뱅크 어카운트 넘버-
Please give me your bank account number.
은행구좌번호를 가르쳐 주십시오.

우쥬 텔 미 유어- 뱅크 어카운트 넘버-
Would you tell me your bank account number?
당신의 은행계좌번호를 가르쳐 주시겠습니까?.

관련 패션 용어

픽쓰
fix : 결정

컴밋션
commission : 수수료

오퍼- 씨-트
offer sheet : 가격제시

트라이얼 오-더-
trial order : 최초주문

컨트랙트 씨-트
contract sheet : 계약서

아이디얼 프라이쓰
ideal price : 희망가격

퀄리티
quality : 품질

퀀티티
quantity : 수량

어쏘-트먼트 쏘리드
assortment : 구색 ↔ **solid :** 단품

텔레그래픽 트랜스퍼-
T/T(Telegraphic Transter) : 전신환

제11과 패션쇼핑몰과 홈페이지

패-션 샵핑 몰- 앤 웹싸잇
Fashion shopping mall & website

1. 본문

두 유 헤브 유어- 오운 웹싸잇
Buyer : Do you have your own website?

예쓰 위 두 이븐 도우 잇쓰 스몰 위
Seller : Yes, we do. Even though it's small, we
런 더 웹 샵핑 몰-
run the web shopping mall.
플리-즈 라잇 다운 마이 어드레쓰
Please write down my address.
휀 위 풋 더 피니쉬트 쌤플 인 아우어-
When we put the finished sample in our
웹싸잇 이즈 잇 파씨블 투 오-더-
website, is it possible to order?

예스 잇 씸즈 베리 컨비니언트 렛쓰 두
Buyer : Yes, it seems very convenient. Let's do
댓 프롬 나우 온
that from now on.

캔 아이 유즈 더 포토즈 인 유어- 홈페이지
Can I use the photos in your homepage
포- 디 어더- 웹싸잇스
for the other websites?

예스 유 캔
Seller : Yes, you can.

바이어 : 귀사는 홈페이지를 갖고 있습니까?
판매사원 : 네, 갖고 있습니다. 작지만, 쇼핑몰을 운영하고 있습니다.
어드레스를 말할 테니까, 받아 적어 주십시오.
새로운 샘플이 완성되어 홈페이지에 올려(=실어) 두면 주문이 가능하겠지요.
바이어 : 네, 아주 편리하겠지요. 지금부터 그렇게 합시다.
홈페이지에 들어가 있는 상품의 사진을 다른 사이트에 사용해도 좋습니까?
판매사원 : 네, 괜찮습니다.

2. 반복하기

두 유 헤브 유어- 오운 웹싸잇
1) Do you have your own website?
귀사는 웹사이트를 갖고 있습니까?

두 유 헤브 어 웹싸잇
Do you have a website?
귀사는 웹사이트를 갖고 있습니까?

두 유 유즈 유어- 오운 웹싸잇
Do you use your own website?
귀사는 홈페이지를 가동하고 있습니까?

두 유 런 유어- 오운 인터-넷 샵핑 몰-
Do you run your own internet shopping mall?
귀사는 인터넷쇼핑몰을 운영하고 있습니까?

두 유 오우거나이즈 어 웹 샵핑 몰-
Do you organize a web shopping mall?
귀사는 웹 쇼핑몰을 운영하고 있습니까?

잇쓰 스몰 벗 헤-비
2) It's small but heavy. 작지만, 무겁군요.

스몰 벗 헤비
Small but heavy. 작지만, 무겁군요.

잇쓰 익쓰펜씨브 벗 잇쓰 퀄리티 이즈 낫 인 어 굿
It's expensive, but its quality is not in a good
컨디션
condition. 비싸지만, 품질이 좋지 않군요.

익쓰펜씨브 벗 낫 어 굿 퀄리티
Expensive, but not a good quality.
비싸지만, 품질이 좋지 않군요.

잇쓰 내-로우 벗 잇 캔 어컴모데잇트 어 랏 어브
It's narrow, but it can accommodate a lot of
피-플 인 데어-
people in there. 좁지만, 사람이 꽉 들어갑니다.

내-로우 벗 매니 피-플 캔 겟 인
Narrow but many people can get in.
좁지만, 사람이 꽉 들어갑니다.

잇 씸즈 컨비니언트
3) It seems convenient. 편리하겠지요.

잇 룩쓰 컨비니언트
It looks convenient. 편리하겠지요.

캔 아이 유즈 유어- 포토즈
4) Can I use your photos? 사진을 사용해도 됩니까?

캔 아이 유즈 유어- 픽쳐스
Can I use your pictures? 사진을 사용해도 됩니까?

캔 아이 유즈 유어- 포토그랩쓰
Can I use your photographs? 사진을 사용해도 됩니까?

관련 패션 용어

스타-트 옥션
start auction : 스타트옥션(=시작경매)

웹 매스터-
web master : 웹마스터

써-버-
server : 서버

쏠루-션
solution : 솔루션

컨텐츠
contents : 콘텐츠

와이어-리쓰 키보-드
wireless keyboard : 와이어레스 키보드(무선키보드)

따운로-드
download : 내려받기

12 제12과 납기

미-팅 어 딜리버리 데잇트
Meeting a Delivery Date

1. 본문

헨 두 유 피니쉬 더 프라덕션
Buyer : When do you finish the production?

잇 메이 테이크 어 위-크
Seller : It may take a week.

플리-즈 센드 뎀 투 미 바이 어 도어- 투 도어-
Buyer : Please send them to me by a door-to-door
딜리버리 써-비스 에즈 쑨 에즈 유 피니쉬
delivery service as soon as you finish.

디리버리 코스트 슈드 비 페이 온 딜리버리
Seller : Delivery cost should be paid on delivery.

예스 아이 노우 이프 잇 이즈 딜레이드 플리-즈 컨택
Buyer : Yes, I know. If it is delayed, please contact
미 바이 폰 오어- 이메일
me by phone or email.

오우케이 아이 윌 팔로우 유어- 인스트럭션즈
Seller : OK. I will follow your instructions.

플리-즈 샌드 디쓰 팩키-지 투 더 호텔
Buyer : Please send this package to the hotel.

오우케이 후이치 호텔 아- 유 스테잉 엣
Seller : OK. Which hotel are you staying at?

서울 호텔 앤 더 룸 넘버- 이즈 원투쓰리포올-
Buyer : Seoul Hotel, and the room number is 1234.
이프 아엠 낫 데어- 플리-즈 리브 잇 온 더
If I am not there, please leave it on the
프론트 데쓰크 플리-즈 샌드 디 인보이쓰 투게더-
front desk. Please send the invoice together.

바이어 : 생산은 언제 끝납니까?
판매사원 : 이번 주 쭉 걸린다고 합니다.
바이어 : 끝나는 대로 택배로 보내주십시오.
판매사원 : 배송료는 착불입니다.
바이어 : 네, 알고 있습니다. 만약 하루라도 늦어지면,
미리 연락해주십시오.
판매사원 : 네, 지시대로 하겠습니다.
바이어 : 이 물건은 호텔로 보내 주십시오
판매사원 : 네, 알았습니다. 어디에 머물고 계십니까?
바이어 : 서울호텔입니다만, 방번호는 1234호입니다.
만약 내가 없으면 프론트데스크에 맡겨 주십시오.
인보이스(INVOICE: 상업송장)도 잘 준비해 주십시오.

2. 반복하기

휀 이즈 더 포-워-딩 데잇트
1) When is the forwarding date?
물건 선적은 언제입니까?

휀 이즈 더 쉿핑 데잇트
When is the shipping date?
제품 선적(SHIPPING)은 언제입니까?

휀 이즈 더 보-딩 데잇트
When is the boarding date?
선적(ON BOARD)은 언제입니까?

휀 이즈 디 애어- 보-딩 데잇트
When is the air boarding date?
언제 비행기에 싣습니까?

메인 프라덕션 캔 비 딜레이드 어바웃 쓰리 데이즈
2) Main production can be delayed about 3 days.
본 생산이 3일 정도 늦어질지도 모릅니다.

딜리버리 캔 비 딜레이드 어바웃 텐 데이즈
Delivery can be delayed about 10 days.
납기가 10일 정도 늦어질지도 모릅니다.

더 쉿핑 캔 비 딜레이드 포- 어바웃 파이브데이즈
The shipping can be delayed for about 5days.
선적이 5일 정도 늦어질지도 모릅니다.

쉿핑 캔 비 딜레이드 어바웃 파이브데이즈
Shipping can be delayed about 5days.
선적이 5일 정도 늦어질지도 모릅니다.

플리-즈 딜레이 더 딜리버리 데잇트 포- 어바웃 쓰리데이즈
3) Please delay the delivery date for about 3 days.
납기를 3일 정도 연기해 주십시오.

플리-즈 포스트폰 더 딜리버리 데잇트 어바웃 쓰리데이즈
Please postpone the delivery date about 3 days.
납기를 3일 정도 연기해 주십시오.

플리-즈 익쓰텐드 더 딜리버리 데잇트 어바웃 쓰리데이즈
Please extend the delivery date about 3 days.

플리-즈 딜레이 더 쉿핑 데잇트 포- 어 위크
4) Please delay the shipping date for a week.
선적일자(SHIPPING DATE)를 1주일간 늦춰 주십시오.

플리-즈 딜레이 더 쉿핑 데잇트 원 위크
Please delay the shipping date one week.
선적일자(SHIPPING DATE)를 1주일간 연장해 주십시오.

플리-즈 딜레이 더 딜리버리 데잇트 언틸 투웬티스
Please delay the delivery date until 20th.
납기를 20일까지 연기해 주십시오.

쌘드 미 바이 익쓰프레쓰 메일
5) Send me by express mail.
빠른 우편으로 발송해 주세요.

쌘드 미 바이 스피-드 포스트(=이엠에쓰)
Send me by speed post(=EMS).
※ EMS : Express Mail Service

쌘드 미 바이 에어- 프레잇트
6) Send me by air freight.
항공운송편으로 보내주세요.

쌘드 미 바이 보-트
Send me by boat.
배편으로 보내주세요.

프레잇트 챠-쥐 슈드 비 페이드 인 어드벤쓰
7) Freight charge should be paid in advance.
운임은 선불입니다.

딜리버리 코스트 슈드 비 프리페이드
Delivery cost should be prepaid.
운임은 선불입니다.

프레잇트 챠-쥐 윌 비 콜렉티드 온 딜리버리
Freight charge will be collected on delivery.
운임은 수익자부담입니다.

바이어- 슈드 페이 포- 더 프레잇트 챠-쥐
Buyer should pay for the freight charge.
운임은 바이어측 부담입니다.

이프 잇 이즈 딜레이드 플리-즈 인폼- 미 인 어드벤쓰
8) If it is delayed, please inform me in advance.
만약 늦어지면 미리(=사전에) 연락해 주십시오.

이프 잇 이즈 딜레이드 플리-즈 깃 미 어 노티쓰 인 어드벤쓰
If it is delayed, please give me a notice in advance.
만약 늦어지면 미리 연락해 주십시오.

후이치 호텔 아- 유 스테잉 엣
9) Which hotel are you staying at?
어느 호텔에 머물고 계십니까?

훼어- 아- 유 스테잉 엣
where are you staying at?
어디에 머물고 계십니까?

이프 아엠 낫 인 마이 룸 플리-즈 리-브 잇 온 더
10) If I am not in my room, please leave it on the
프론트 데스크
front desk.
만약 내가 방에 없으면 프론트데스크에 맡겨 주십시오.

이프 아엠 낫 데어- 플리-즈 리브 잇 온 더 프론트 데스크
If I am not there, please leave it on the front desk.
만약 내가 없으면 프론트데스크에 맡겨 주십시오.

이프 아엠 낫 인 마이 룸 플리-즈 키프 잇 온 더
If I am not in my room, please keep it on the
프론트 데스크
front desk.
만약 내가 방에 없으면 프론트데스크에 맡겨 주십시오.

관련 패션 용어

프리페이드 컬렉티드
prepaid : 선불 ↔ **collected** : 현지수금

엑쓰 팩토리
ex-facory : 공장인도(물건을 파는 사람이 사는 사람에게 공장에서 가져가도록 하는 것), 일반적으로 출하한다라는 뜻으로 쓴다.

카-고
cargo : 화물

컨테이너-
cotainer : 콘테이너

노-멀 보-트 뷔쎌
normal boat(=vessel) : 보통배

페-리
ferry : 페리

엘씨 레터- 어브 크레딧트
L/C(=letter of credit) : 신용장

리씹트
receipt : 영수증

케쉬
cash : 현금

제13과 견본실(패턴제작)

에이 샘플 룸 패턴 메이킹

A sample room (Pattern making)

야-데이지 컨섬션

(1) **yardage consumption :** 요척

메이킹 페이퍼- 패턴

(2) **Making paper pattern :** 형지제작

컷팅

(3) **Cutting :** 재단

더 퀀티티 어브 프라덕션

(4) **The quantity of production** : 생산수량

1. 본문

디쓰 이즈 더 페이퍼- 패턴 어브 오리진 플리-즈

Buyer : This is the paper pattern of origin. Please

리퍼- 투 잇

refer to it.

잇 이즈 어 베리 샤-프 페이퍼- 패턴

Seller : It is a very sharp paper pattern.

예스 잇 워즈 클리어-리 앤 퍼-펙틀리 메이드
Buyer : Yes. It was clearly and perfectly made.

더 라인 이즈 베리 클리어- 앤 퍼-펙트
The line is very clear and perfect.

어더-와이즈 위 캔낫 메이크 퍼-펙트 크로씽
Otherwise, we cannot make perfect clothing.

바이어 : 이것은 원래형지인데, 참고로 해 주십시오.
판매사원 : 굉장히 정교(SHARP)한 형지군요.
바이어 : 그렇습니다. 깨끗하고, 정확하게 제작한 것이지요.
선이 가늘고 정교하지요.
그렇지 않으면 예쁜 옷을 만들 수 가 없으니까요.

2. 반복하기

하우 머치 일-드 야-데이지 이즈 니디드 퍼- 어 수-트
1)How much yield yardage is needed per a suit?
1벌에 요척은 어느 정도 필요합니까?

포- 원 수-트 하우 머치 야-데이지 이즈 니디드
For one suit, how much yardage is needed?
1벌에 요척은 어느 정도 필요합니까?

포- 원 피-쓰 하우 머치 일드 야-데이지 이즈 니디드
For one piece, how much yield yardage is needed?
1장에 요척은 어느 정도 필요합니까?

위 니드 파이브 야-즈 포- 포티포- 인치즈 인 위드
2)We need 5 yards for 44 inches in width.
4인치 폭으로 50야드가 필요합니다.

잇 니즈 에잇 야-즈 인 클루딩 더 로쓰 포- 써티 인치즈
It needs 8 yards including the loss for 30 inches
인 위드
in width.
30인치 폭으로 로스(LOSS)넣고, 80야드가 필요합니다.

위 니드 에잇 야-즈 인클루딩 더 로쓰 포- 써티 인치즈
We need 8 yards including the loss for 30 inches
인 위드
in width.
30인치 폭으로 로스(LOSS)넣고, 80야드가 필요합니다.

플리-즈 메-저- 더 싸이즈 익쓰클루딩 더 코-너-즈
3) Please measure the size excluding the corners.
귀퉁이(원단 양쪽 끝)는 빼고 재 주십시오.

플리-즈 첵크 더 싸이즈 익쓰클루딩 더 코-너-즈
Please check the size excluding the corners.
귀퉁이(원단 양쪽 끝)는 빼고 재 주십시오.

플리-즈 메이크 더 마-진 씩쓰밀리 투 쏘우 업
4) Please make the margin 6mm to sew up.
박음질 할 때 시접은 6밀리로 해줘.

플리-즈 메이크 씩스밀리 마-진 투 쏘우 업
Please make 6mm margin to sew up
시접은 6밀리로 해줘.

플리-즈 메이크 더 싸이즈 엠
5) Please make the size "M"
사이즈는 M칫수를 제작해 주십시오.

플리-즈 메이크 엠 싸이즈
Please make "M" size.
사이즈는 M칫수를 제작해 주십시오.

이즈 더 페이퍼- 패턴 핸드메이드
6) Is the paper pattern handmade?
형지는 수작업입니까?

이즈 더 페이퍼- 패턴 케드 메이드
Is the paper pattern CAD made?
형지는 캐드(CAD)로 만듭니까?

위 유즈 어 케나디언 메이드 패드
7) We use a Canadian-made PAD.
캐나다제 PAD를 사용하고 있습니다.

위 유즈 어 재패니즈 유카
We use a Japanese YUKA.
일본제 YUKA를 쓰고 있습니다.

애프터- 컷팅 텔 미 더 넘버- 어브 피-씨쓰
8) After cutting, tell me the number of pieces.
재단하고 나서는 매수를 알려 주십시오.

애프터- 컷팅 텔 미 하우 매니 피-씨쓰 아- 메이드
After cutting, tell me how many pieces are made.
재단하고 나서는 매수를 알려 주십시오.

플리-즈 텔 미 이미디엇틀리 더 넘버- 어브
Please tell me immediately the number of
컷팅 피-씨쓰
cutting pieces.
재단매수를 재빨리 알려 주십시오.

플리-즈 텔 미 퀵클리 더 넘버- 어브 컷팅 피-씨쓰
Please tell me quickly the number of cutting pieces.
재단매수를 재빨리 알려 주십시오.

잇쓰 베리 임포-텐- 투 카운트 커렉틀리 인 오-더-
9) It's very important to count correctly in order
투 프리벤트 언익쓰펙티드 컬러-즈
to prevent unexpected colors.
이색이 나오지 않도록 숫자를 정확히 세는것이 중요합니다.

넘버-링 이즈 베리 임포-텐트 인 프리벤팅
Numbering is very important in preventing
언원티드 컬러-즈
unwanted colors.
이색이나오지 않도록 넘버링하는 것이 중요합니다.
※ 넘버링 : 고유번호 매기기

인 오-더- 투 프리벤트 디퍼렌트 컬러-링 커렉트
In order to prevent different coloring, correct
넘버-링 이즈 베리 임포-텐트
numbering is very important.
이색을 피하기 위해 숫자세기를 확실히 해야 합니다.

인 오-더- 투 프리벤트 디퍼렌트 컬러-링
In order to prevent different coloring,

넘버-링 이즈 베리 임포-텐트
numbering is very important.
이색을 피하기 위해 넘버링이 매우 중요합니다.

플리-즈 컨펌- 더 카운팅
10) Please confirm the counting.
숫자세기를 확인 하세요.

플리-즈 두 더 넘버-링 라잇트
Please do the numbering right.
넘버링을 확실히 하세요.

플리-즈 리무브 더 쵸-크 마-크
11) Please remove the chalk mark.
분필자국(CHALK MARK)은 깨끗이 없애 주십시오.

플리-즈 리무브 더 쵸-크 마-크 위드 스프레이
Please remove the chalk mark with spray.
분필 흔적은 스프레이(SPRAY)로 지워 주십시오.

디스 이즈 디 어멘디드 쌤플
12) This is the amended sample.
이것은 수정(고친)견본입니다.

잇 이즈 디 오리지널 쌤플
It is the original sample.
그것은 원견본입니다.

잇 이즈 오리지널 쌤플
It is original sample.
그것은 원견본입니다.

관련 패션 용어

패턴너-
patterner : 패턴사

테입 메-져-
tape measure : 줄자

스트링 컷터-
string cutter : 쪽가위

다-츠
darts : 다츠

페스너- 짓퍼-
fastner : 지퍼(=zipper)

컷팅 보-드
cutting board : 재단대

14 제14과 본생산

메인 프라덕션
Main production

오은 팩토리
(1) **Own factory :** 자가공장

써브컨트랙트 팩토리
(2) **Subcontract factory :** 하청

오-버-씨-즈 팩토리
(3) **Overseas factory :** 해외생산

개성 인더스트리얼 존-
(4) **Kaeseong Industrial Zone :** 개성공단

오이엠
(5) **OEM :** 주문자상표부착방식

아웃 쏘-씽
(6) **Out-sourcing :** 외주

1. 본문

훼어- 이즈 유어- 팩토리 로케이티드
Buyer : Where is your factory located?

더 팩토리 이즈 로케이티드 니어- 히어- 잇 테익크스
Seller : The factory is located near here. It takes
파이브 미닛쓰 온 풋트
5 minutes on foot.

잇쓰 크로쓰 앤드 베리 컨비니언트
Buyer : It's close and very convenient!

예쓰 잇 이즈
Seller : Yes, it is.

이즈 잇 유어- 오운 팩토리
Buyer : Is it your own factory?

예쓰 잇 이즈 오운드 바이 어스
Seller : Yes, it is owned by us.
위 어쌤블 파-츠 엣 더 써브컨트랙트
We assemble parts at the subcontract
팩토리 니어- 바이 앤드 스팃치 업 앤드 아이언 더
factory near by and stitch up and iron the
피니쉬트 프라덕츠 엣 아우어- 팩토리
finished products at our factory.

A : 공장은 어디에 있습니까?
B : 공장은 이 근처에 있습니다. 걸어서 5분 걸립니다.
A : 가까워서 편리합니다.
B : 네, 그렇습니다.
A : 자가공장입니까?
B : 네, 자가 공장입니다.
부품은 근처 하청공장에서 하고, 합봉과 다림질은 자가공장에서 합니다.

2. 반복하기

더 팩토리 이즈 인 차이나
1) The factory is in China.
공장은 중국에 있습니다.

더 팩토리 이즈 인 개성 인더스추리얼
The factory is in Gaesung(開城) Industrial
존 인 노-스 코리아
Zone in North Korea.
공장은 북한의 개성에 있습니다.

더 팩토리 이즈 로케이티드 인 서울
The factory is located in Seoul.
공장은 서울시내에 있습니다.

더 팩토리 이즈 로케이티드 니어- 히어-
The factory is located near here.
공장은 여기 가까이에 있습니다.

잇 테익크쓰 파이브미닛쓰 온 풋 프롬 아우어- 오피-쓰
2) It takes 5minutes on foot from our office.
저희사무실에서 걸어서 5분 걸립니다.

잇 윌 테이크 어바웃 텐 미닛쓰 바이 워-킹
It will take about 10 minutes by walking.
걸어서 10분 걸립니다.

파이브 미닛쓰 워-크 프롬 히어-
Five minutes walk from here.
여기서 걸어서 5분 걸립니다.

잇쓰 낫 클로쓰 잇 이즈 베리 클로쓰
2) It's not close ↔ It is very close.
가깝지 않습니다↔가깝습니다

낫 클로쓰 베리 클로쓰
Not close ↔ Very close
가깝지 않습니다 ↔ 가깝습니다

낫 쏘우 매니 매니
Not so many ↔ Many
많지 않습니다 ↔ 많습니다

잇쓰 져스트 어 리틀 데어- 아- 어 랏
It's just a little ↔ There are a lot.
많지 않습니다 ↔ 많습니다

잇쓰 낫 쏘우 빅 잇 이즈 빅 잇쓰 휴-지
It's not so big ↔ It is big(=It's huge)
크지 않습니다.↔큽니다

낫 쏘우 빅 빅
Not so big ↔ Big
별로 크지 않습니다 ↔ 큽니다

인스펙션 앤드 피니쉬 아- 던- 엣 아우어- 오운 팩토리
3) Inspection and finish are done at our own factory.
검품과 마무리는 자가공장에서 합니다.

인스펙션 앤드 피니쉬 윌 비 던- 엣 아우어- 팩토리
Inspection and finish will be done at our factory.
검품과 마무리는 저희공장에서 하게 됩니다.

컴포넌츠 윌 비 피니쉬트 엣 더 써브컨트랙트
4) Components will be finished at the subcontract
팩토리
factory.
부품조립은 하청공장에서 마칩니다.

커팅 이즈 던- 엣 아우어- 오운 팩토리 앤드 쏘-잉 엣
Cutting is done at our own factory and sewing at
아우어- 써브 컨트랙트 팩토리
our subcontract factory.
재단만 자가공장에서 하고, 봉제는 외주공장입니다.

패-킹 이즈 던- 엣 아우어- 오운 팩토리
Packing is done at our own factory.
포장은 자가공장에서 합니다.

패-킹 이즈 던- 아웃사이드 더 팩토리
Packing is done outside the factory.
포장은 외주입니다.

패-킹 이즈 던- 엣 아우어- 써브컨트랙트 팩토리
Packing is done at our subcontract factory.
포장(PACKING)은 하청공장에서 합니다.

하우 어바웃 유어- 프라덕션 케파씨티
5) How about your production capacity?
생산능력(CAPACITY)은 어느 정도입니까?

하우 매니 피씨-쓰 캔 유 프라듀쓰
How many pieces can you produce?
생산능력은 어느 정도입니까?

투웬티 피씨-쓰 어브 재킷 퍼- 데이
20 pieces of jacket per day.
자켓베이스로 일산(일일생산량) 20장입니다.

원헌드레드 피씨-쓰 팬츠 퍼- 데이
100 pieces of pants per day.
바지베이스로 일산 100장입니다.

원싸우젠 피씨-쓰 어브 진-즈 베이씨쓰 퍼- 몬스
1,000 pieces of jeans basis per month
청바지 기준으로 월산(월생산량) 1,000장입니다.

위 인스펙트 프라덕츠 피-쓰 바이 피-쓰
6) We inspect products piece by piece.
한 장 한 장(PIECE BY PIECE) 검품입니다.

위 인스펙트 프라덕츠 랜덤리
We inspect products randomly.
무작위(RANDAM)추출검사입니다.

위 인스펙트 바이 랜덤
We inspect by random.
무작위추출검사입니다.

위 윌 스킵 디 인스펙션
We will skip the inspection.
검사는 생략하겠습니다.

위 윌 오밋트 디 인스펙션
We will omit the inspection.
검사는 생략하겠습니다.

플리-즈 풋 더 케어- 레이블 온 더 레프트 싸이드
7) Please put the care label on the left side.
케어라벨(CARE LABEL)은 왼쪽에 끼어 박아 주십시오.

플리-즈 어태치 더 케어- 레이블 투 더 레프트 웨이스트
Please attach the care label to the left waist.
세탁품질라벨은 옆구리 쪽에 끼어 박아 주십시오.

플리-즈 더 워씽 케어- 레이블 온 더 레프트 웨이스트
Please the washing care label on the left waist.
세탁품질라벨은 옆구리 쪽에 끼어 박아 주십시오.

플리-즈 풋 더 워싱 케어- 레이블 온 더 레프트 웨이스트
Please put the washing care label on the left waist.
세탁품질라벨을 끼어 박아 주십시오.

플리-즈 어텟치 더 써-티피케잇트 어브 디 오리진 레이블
Please attach the certificate of the origin label
투 더 웨이스트
to the waist.
원산지라벨을 옆구리 쪽에 끼어 박아 주십시오.

플리-즈 풋 더 태그 온 더 라잇트 프런트
Please put the tag on the right front.
택(TAG)은 앞판 오른쪽에 달아 주십시오

플리-즈 어탯치 더 태그 투 더 프론트 라잇트 사이드
Please attach the tag to the front right side.
택(TAG)은 앞판 오른쪽에 달아 주십시오.

관련 패션 용어

메인 프라덕션
main production : 본생산(=본공장작업)

벌크 프라덕션
bulk production : 대량생산

매쓰 프라덕션
mass production : 대량생산

컷팅
cutting : 재단

쏘-잉
sewing : 봉제, 박음질

아이언
iron : 아이론, 다림질

패-킹 랫-핑
packing(=wrapping)
: 포장, 곤포

티에쓰 씨스템 쏘-잉 씨스템 셀 씨스템
T/S system : TOYOTA SEWING SYSTEM(=cell system)
한 사람의 미싱사가 전 공정을 다 맡아서 박음질하여 만드는 것.

컨베이어- 씨스템
↔ **conveyor system :** 여러 사람이 각 부분(part)을 맡아서 작업하는 공정법.

워싱 케어- 레이블
washing care label : 세탁품질라벨

폴리 백
poly bag : 포리백

행 택
hang tag : 행택

브랜드 레이블
brand label : 브랜드상표

씨-오우 컨츄리 어브 오리진
C/O : 영어로 원산지(**country of origin**)의 약자이다.

제15과 서류(선적서류)

싯핑 닥큐멘츠
Shipping documents

1. 본문

아이 윌 핸 케-리 더 쌤플 플리-즈 라잇 더
Buyer : I will hand carry the sample. Please write the
컴머-셜 인보이스 포- 커스텀즈 클리어-런쓰
commercial invoice for customs clearance.

오케이 웨잇 어 미닛트 아이 윌 프리페어- 잇
Seller : OK, wait a minute. I will prepare it.

플리-즈 마-크 온 노우 컴머-셜 벨류
Buyer : Please mark on “no commercial value.”
휀 윌 더 싯핑 닥큐멘츠 비
When will the shipping documents be
피니싯트
finished?

나우 위 아- 프리패어-링 디 아쏘-트 팩킹
Seller : Now we are preparing the assort packing.
잇 테이크 썸 타임 투 메이크 어 팩킹 리스트
It take some time to make a packing list.

애스 순 애스 위 겟 댓 인 위 윌 쌘드 잇 투 유
As soon as we get, that in we will send it to you.

나우 잇 이즈 디 엔드 어브 예어- 쏘우 싯핑
Buyer : Now it is the end of year, so shipping
스케쥴 이즈 베리 타잇트
schedule is very tight.
플리-즈 허-리 업
Please hurry up.
오케이 돈 워-리
OK, don't worry.

위 윌 두 아우어- 베스트 포- 온 타임 딜리버리
Seller : We will do our best for on time delivery.

바이어 : 샘플을 들고 갈(HAND CARRY)테니까,
세관통관을 위해 상업송장을 작성해 주십시오.

판매사원 : 네, 잠시 기다려 주십시오. 준비하겠습니다.

바이어 : 무상(NO COMMERCIAL VALUE)이라고 써 넣으세요.
선적서류는 언제 완성됩니까?

판매사원 : 지금, 구색을 맞추는 포장이어서
리스트 작성하는데 시간이 걸립니다.
입수하는 대로 송부하겠습니다.

바이어 : 연말이라서 배가 꽉차(TIGHT)있으므로 서둘러 주겠습니까?

판매사원 : 네, 걱정하지 말아 주십시오.
늦지 않도록 분발하겠습니다.

2. 반복하기

웨잇 어 미닛트
1) Wait a minute.
조금 기다려 주십시오.

플리-즈 웨잇 어 미닛트
Please, wait a minute.
잠깐만 기다려 주십시오.

웨잇 어 모멘트 플리-즈
Wait a moment, please.
잠깐 기다려 주십시오.

웨잇 어 미닛트 플리-즈
Wait a minute, please.
잠깐 기다려 주십시오.

아엠 워-킹 하-드 포- 마이 패미리
2) I am working hard for my family.
가족을 위해 열심히 일하고 있습니다.

아윌 (아이윌) 라잇트 어 레터- 투 허-
I'll (=I will) write a letter to her
그 여자분에게 편지를 쓰겠습니다.

아이 윌 쌘드 어 포스트 카-드 투 힘
3) I will send a post card to him
그 남자분에게 그림엽서를 보내겠습니다,

아이 윌 쌘드, 포스트 카-드 포- 힘
I will send post card for him.
남자를 위해 그림엽서를 보내겠습니다,

디-즈 구-즈 아- 포- 췰드런즈 데이
4) These goods are for Children's Day
어린이날(판매)용 물건입니다.

디-즈 구-즈 아- 포- 쌩스 기-빙 데이
These goods are for Thanks Giving Day.
추수감사절날(판매)용 물건입니다.

잇 이즈 포- 더 피브틴스 어브 어우게스트
It is for the 15th of August
오봉날(양력 8월 15일)용 상품입니다.

잇 이즈 포- 더 뉴- 예어-즈 데이
It is for the New Year's Day.
새해용입니다.

잇 이즈 포- 더 루나- 뉴- 예어-즈 데이
It is for the lunar New Year's Day.
음력 새해용입니다.

잇 이즈 포- 디 어메리칸 마-켓트
5) It is for the American market.
미국시장(수출)용 상품입니다.

나우 이즈 디 앤드 어브 예어- 쏘우 잇 이즈 베리 비지
6) Now is the end of year, so it is very busy.
지금은 연말이므로, 매우 혼잡합니다.

투데이 이즈 디 앤드 어브 몬스 쏘우 잇쓰 베리 비지
Today is the end of month, so it's very busy.
오늘은 말일이므로, 매우 혼잡합니다.

투데이 이즈 디 앤드 어브 몬스 쏘우 잇쓰 베리 타잇트
Today is the end of month, so it's very tight.
오늘이 월말이므로, 일정이 빡빡(TIGHT)합니다.

플리-즈 레쓰폰드 바이 이메일 이미디엇틀리
7) Please respond by email immediately
지급 이메일로 답변해 주십시오.

플리-즈 앤써- 미 바이 이메일
Please answer me by email.
지급 이메일로 답변해 주십시오.

애스 순 애스 유 리씨-브 잇 플리-즈 레쓰폰드 바이
8) As soon as you receive it, please respond by
이메일
e-mail. 그것을 받은 즉시 곧 이메일로 답변 부탁합니다.

애스 순 애스 유 리씨-브 플리-즈 깃 미 디
As soon as you receive, please give me the
앤써- 바이 팩쓰
answer by fax. 받은 즉시 곧 팩스로 회답해 주세요.

위 윌 쌘드 유 더 닥큐맨츠 애스 순 애스 위
9) We will send you the documents as soon as we
리씨-브 잇
receive it.
서류는 입수하는 대로 그것을 보내겠습니다.

위 윌 쌘드 유 더 닥큐맨츠 애스 순 애스 데이
We will send you the documents as soon as they
아- 피니쉿트
are finished.

서류는 완성되는 대로 보내겠습니다.

위 윌 쌘드 유 더 닥큐맨츠 애스 순 애스 데이
We will send you the documents as soon as they
아- 메이드
are made.

서류는 갖춰지는 대로 보내겠습니다.

우쥬 플리-즈 인클루-드 노우 커머-셜
10) Would you please include 'NO COMMERCIAL
밸류
VALUE.'?

무상(NO COMMERCIAL VALUE)이라고 써 넣을 수 있어요?

우쥬 플리-즈 풋 온 노우 커머-셜
Would you please put on 'NO COMMERCIAL
밸류
VALUE.'?

무상(NO COMMERCIAL VALUE)이라고 넣을 수 있어요?

관련 패션 용어

엘씨- 레터- 어브 크레딧트
L/C : 신용장 (letter of credit)

디스크립션
description : 명세서

리씹-트
receipt : 영수증

커머-셜 밸류
commercial value : 유상

노우 커머-셜 밸류
↔ **no commercial value :** 무상

커머-셜 인보이스
commercia invoice : 상업송장

피엘 패-킹 리스트
P/L : 포장명세서 (packing list)

아이씨- 인스펙션 서티피케이션
I/C : 검사증명서 (inspection certification)

비엘 빌 어브 레이딩
B/L : 선하증권 (bill of lading)

제16과 상담 약속하기

16

어레인지먼트 포- 어 비즈니쓰 미-팅
Arrangement for a business meeting

1. 본문

넥쓰트 위-크 아이 윌 비짓트 뉴-욜-크 온
Seller : Next week, I will visit NewYork on
비즈니쓰
business.
아이 원투 컴 바이 유어- 컴패니 온 텐쓰
I want to come by your company on 10th.
이즈 잇 오우케이 위드 유
Is it okay with you?

슈어- 노우 프라브럼 엣 올
Buyer : Sure, no problem at all!

웰 덴- 아이 윌 콜 온 유어- 오피쓰 엣
Seller : Well, then, I will call on your office at
텐 에이엠
10:00 a.m.

오우케이 아이 윌 비 웨이팅 포- 유 두 유 노우
Buyer : OK, I will be waiting for you. Do you know
훼어- 위 아- 로케이티드
where we are located?

노우 아이 돈 캔 유 텔 미 하우 투 겟
Seller : No, I don't. Can you tell me how to get
데어- 바이 써브웨이
there by subway?

후이치 호텔 아- 유 스테-잉 엣
Buyer : Which hotel are you staying at?

뉴-욜-크 펄레스 호텔
Seller : NewYork Palace Hotel.

오우 잇쓰 니어- 히어-
Buyer : Oh, it's near here.
유 캔 겟 히어- 디렉틀리 바이 테이-킹 더
You can get here directly by taking the
라인 식스
line 6.
잇쓰 저스트 투 스탑스
It's just two stops.
애니하우 애스 순 애스 유 어라이브 인
Anyhow as soon as you arrive in
뉴-욜-크 플리-즈 콜 미
NewYork, please call me.

판매사원 : 내주, 뉴욕출장예정입니다.
10일날, 귀사에 들리고 싶은데, 형편은 어떻습니까?
바이어 : 네, 좋습니다.
판매사원 : 그러면 오전 10시에사무실로가겠습니다.
바이어 : 네, 좋습니다. 기다리고 있겠습니다.
그런데, 장소는 아십니까?
판매사원 : 잘 모릅니다. 지하철로 가는 길을 가르쳐 주시겠습니까?
바이어 : 어느 호텔에 묵으십니까?
판매사원 : 뉴욕팰리스호텔입니다.
바이어 : 아, 여기서 가깝습니다. 6호선을 타면 곧 바롭니다.
겨우 두 정류장입니다. 하여튼 뉴욕에 도착하면 전화 주십시오.

아엠 고우잉 온 어 비즈니쓰 추립 투 뉴-욜-크
Seller : I am going on a business trip to NewYork
넥쓰트 위-크
next week.
아이 원투 컴 바이 유어- 컴패니
I want to come by your company.
아이 호-프 투 비짓트 유어- 컴패니 온 텐스
I hope to visit your company on 10th.
하우 더즈 뎃 싸운드 투 유
How does that sound to you?

뎃쓰 저스트 파인 위드 미 아이 헤브 낫씽 온
Buyer : That's just fine with me. I have nothing on
마이 스케쥴
my schedule.

웰 덴 샬 아이 고우 투 유어- 오피쓰 엣
Seller : Well, then, Shall I go to your office at
텐 에이엠
10:00 a.m?

예쓰 댓쓰 올 라잇 아이 엠 고-잉 투 카운트
Buyer : Yes, that's all right. I am going to count
디 아우어-즈
the hours.
바이 더 웨이 두 유 노우 아우어- 프레이쓰
By the way, do you know our place?

아임 쏘-리 벗 아이 돈 플리-즈 텔 미 더
Seller : I'm sorry but I don't. Please tell me the
웨이 투 겟 데어- 바이 써브웨이
way to get there by subway.

후잇치 호텔 아- 유 고우잉 투 스테이
Buyer : Which hotel are you going to stay?

아이 엠 고우잉 투 스테이 엣 뉴-욜-크 팰리쓰
Seller : I am going to stay at NewYork Palace
호텔 인 맨햇턴
Hotel in Manhattan.

잇쓰 니어- 히어- 유 슛드 테이크 더 라인 씩스
Buyer : It's near here. You should take the line 6
써브웨이 추레인 온리 투 스탑스
subway train. Only 2 stops.
플리-즈 콜 미 웬 유 어라이브 인 뉴-욜-크
Please call me when you arrive in NewYork.

판매사원 : 내주, 뉴욕출장예정입니다.
10일날, 귀사에 들리고 싶은데, 형편은 어떻습니까?
바이어 : 네, 좋습니다. 스케줄이 비어 있습니다.
판매사원 : 그러면 오전 10시에 사무실로 가도 되겠습니까?
바이어 : 네, 좋습니다. 기다리고 있겠습니다.
그런데, 장소는 아십니까?
판매사원 : 잘 모릅니다. 지하철로 가는 길을 가르쳐 주십시오.
바이어 : 어느 호텔에 묵으십니까?
판매사원 : 맨하탄에 있는 뉴욕팰리스호텔입니다.
바이어 : 여기서 가깝습니다. 6호선을 타면 됩니다.
두 정거장 입니다.
뉴욕에 도착하면 전화 주십시오.

2. 반복하기

아이 원투 노우 유어- 스케쥴 비포- 아이 어라이브 인
1) I want to know your schedule before I arrive in
뉴-욜-크
NewYork?
뉴욕에 도착하기 전에 당신 스케쥴을 알고 싶습니다.

아이 원투 첵크 유어- 타임 비코-즈 아이 엠 고우잉 투
I want to check your time because I am going to
뉴-욜-크
NewYork.
뉴욕에 가는데, 형편 확인 하고 싶은데요.

아이 엠 고우잉 투 뉴-욜-크 휀 이즈 유어-
I am going to NewYork. When is your
컨비니언트 타임 투 비짓트
convenient time to visit?
뉴욕에 갈 예정인데, 언제쯤 방문하면 편리할까요?

노우 프라브럼 아이 엠 낫 비지 엣 뎃 타임
2) No problem! I am not busy at that time.
괜찮습니다. 그 때 별로 바쁘지 않으니까요.

오우케이 아이 헤브 노우 어더- 어포인트먼트
OK. I have no other appointment.
좋습니다. 다른 약속은 없습니다.

오우케이 뎃 데이 아이 헤브 타임 올 데이
OK, that day I have time all day.
괜찮습니다. 그 날은 하루 종일 시간이 있습니다.

엣 텐 에이엠 아이 윌 고우 투 유어- 오피쓰
3) At 10 AM, I will go to your office.
오전 10시에 사무실로 가겠습니다.

엣 텐 에이엠 아이 윌 비짓트 유어- 컴패니
At 10 AM, I will visit your company.
오전 10시에 귀사로 찾아가겠습니다.

인 더 모-닝 아이 윌 컴 바이 유어- 오피쓰
In the morning, I will come by your office.
오전에 귀사로 들리겠습니다.

이프잇이즈 엣 텐 에이엠 잇 윌 비 오우케이
If it is at 10 AM, it will be okay.
10시라면 괜찮습니다.

엣 텐 에이엠 잇이즈오우케이
At 10 AM, it is OK.
10시라면 좋습니다.

엣 텐 에이엠 뎃쓰 파인
At 10 A.M, that's fine.
10시라면 괜찮습니다.

훳 이즈 더 퍼-포즈 어브 유어- 비짓트
4) What is the purpose of your visit?
용건은 무엇입니까?

훳 두 유 원 투 디쓰커쓰
What do you want to discuss?
무슨 용건입니까?

훳 이즈 유어- 미-팅 어젠더
What is your meeting agenda?
상담의 아젠다(AGENDA 안건)는 무엇입니까?

쿠 쥬 텔 미 하우 투 겟 투 유어- 오피쓰
5) Could you tell me how to get to your office?
당신회사로 어떻게 가는지 알려 주시겠습니까?

캔 유 쇼우 미 하우 투 겟 투 유어- 오피쓰
Can you show me how to get to your office?
당신회사로 어떻게 가는지 알려 주시겠습니까?

캔 유 디렉트 미 하우 투 겟 투 유어- 오피쓰
Can you direct me how to get to your office?
당신회사로 어떻게 가는지 알려 주시겠습니까?

관련 패션 용어

어포인트먼트
appointment : 약속

미-팅
meeting : 회의

북킹
booking : 예약

리저-베이션
reservation : 예약

캔슬레이션
cancellation : 취소

제17과 뉴욕 최신 유행

더 레이테스트 패-션 인 뉴-욜-크
The latest fashion in NewYork

1. 본문

횟 이즈 인 패-션 디-즈 데이즈 인 뉴-욜-크
A : What is in fashion these days in NewYork?

웰 더 윈터- 프러덕트 이즈 더 데님
B : Well, the winter product is the denim

컨테이닝 투 퍼-센트 어브 스펀
containing two percent of spun.

인 에딧션 잇 인클루-즈 언 언밸런쓰 패턴
In addition, it includes an unbalance pattern

앤드 씬 텍쓰타일
and thin textile.

더 또레이도르 이즈 베리 파퓨러-
The TOREADOR is very popular.

더 트렌드 이즈 댓 더 텍쓰타일 이즈 비커-밍 모어-
The trend is (that) the textile is becoming more

씬너- 앤드 라이터-
thinner and lighter.

하우 쏘우
A : How so?

비코-즈 더 웨더- 워즈 겟팅 워-머- 인
B : Because the weather was getting warmer in

원터-
winter

위드 디 어버브 에버리쥐 템퍼러츄얼즈
with the above-average temperatures.

A : 최근 뉴욕에서는 어떤 스타일이 유행하고 있습니까?

B : 겨울상품은 역시 2%스펀이 들어간 데님(DENIM)으로 만든 물건입니다.

게다가, 얇은 원단에 언발란스(UNBALANCE)무늬가 있는 것입니다.

길이는 7부가 인기입니다.

원단은 점점 얇아지며, 가벼운 것이 인기입니다.

A : 왜 그렇습니까?

B : 이상기온으로, 겨울에도 따뜻해졌기 때문입니다.

2. 반복하기

훳 카인드 어브 스타일 이즈 부-밍 인 뉴-욜-크
1) What kind of style is booming in NewYork?
최근 뉴욕에서는 어떤 스타일이 유행하고 있습니까.

디-즈 데이즈 훳 카인드 어브 스타일 이즈 부-밍 인
These days, what kind of style is booming in
뉴-욜-크
NewYork?
요즈음 뉴욕에서는 어떤 스타일이 유행하고 있습니까.

디-즈 데이즈 훳 카인드 어브 스타일 이즈 인 보그
These days, what kind of style is in vogue?
요즈음 어떤 스타일이 유행하고 있습니까.

데님 위드 투퍼-센트 스펀 이즈 어 뉴- 패-션
2) Denim with 2% spun is a new fashion.
2% 스펀 데님이 뉴패션입니다.

씬 언밸런쓰트 엠브로이드리 메트리얼 앤드 쎄븐티퍼-센트
Thin unbalanced embroidery material. And 70%
렝쓰 이즈 인 패-션
length is in fashion.
언밸런스 자수들어간 얇은 옷감에 7부 기장이 유행입니다.

포- 더 영스터-즈 더 크래식 앤드 밀리터-리 룩쓰
3) For the youngsters, the classic and military looks
아- 인 패-션
are in fashion.
젊은이에게는 클래식(CLASSIC)풍과 밀리터리룩이 유행하고 있습니다.

포- 더 영 제너레이션 더 크래식 앤드
For the young generation, the classic and
밀리터-리 룩쓰 아- 인 패-션
military looks are in fashion.
젊은 무리들에게는 클래식(CLASSIC)풍과 밀리터리룩이 유행하고 있습니다.

허- 웨어- 이즈 베리 굿
3) Her wear is very good. .
그녀가 입고 있는 옷은 굉장히 멋있군요.

더 드레쓰 댓 쉬 이즈 웨어-링 이즈 베리 나이쓰
The dress (that) she is wearing is very nice
그녀가 입고 있는 옷은 굉장히 멋있군요.

허- 패-션 이즈 베리 굿
Her fashion is very good.
그녀가 입고 있는 옷은 매우 좋군요.

허 패-션 이즈 그레잇트
Her fashion is great.
그녀가 입고 있는 옷은 멋있군요.

히즈 수-트 앤드 타이 핏트 웰 투게더-

4) His suit and tie fit well together.

그 남자의 양복과 넥타이는 잘 어울리는군요.

히즈 수-트 앤드 타이 룩 굿 온 힘

His suit and tie look good on him.

그 남자의 양복과 넥타이는 잘 어울리는군요.

히즈 수-트 앤드 타이 맷치 웰

His suit and tie match well.

그 남자의 양복과 넥타이는 조화가 잘 되는 군요.

히즈 수-트 앤드 타이 메이크 힘 룩 나이쓰

His suit and tie make him look nice.

그 남자의 양복과 넥타이는 잘 어울리는군요.

허- 그로브즈 앤드 핸드빽 수-트 허- 퍼-스넬리티 베리 웰

Her gloves and handbag suit her personality very well.

그녀의 장갑과 핸드백은 그녀의 성격과 아주 잘 어울리는군요.

허- 그로브 앤드 핸드빽 고우 투게더- 베리 웰

Her glove and handbag go together very well.

그 남자의 양복과 구두는 잘 어울리는군요.

관련 패션 용어

빈티-지 룩
vintage look : 빈티지 룩크

맷취
match : 매치

컬러- 트렌드
color trend : 칼라트렌드

컬러- 코-디네잇트
color cordinate : 칼라코디네이트

할프 팬츠
half pants : 반바지

숏- 팬츠
short pants : 짧은 바지

레이어-드
layered : 겹겹이 쌓은 것

또레아도르
TOREADOR : 7부바지

1. 패션 중심가

1) 미국의 의류 시장 규모

- 소매기준 1천7백20억불
- 의류산업에 종사하는 인구 4백6십4만명(소매 : 3백6십만명, 의류생산 57만3천명, 원단 생산 : 47만명)
- 미국의 패션도시 뉴욕 패션산업 현황

뉴욕시는 미국의 패션 수도라고 말하고 있으며, 5천개의 쇼룸이 있다. 뉴욕시의 년 매출규모는 140억달러이다. 이 중 120억불이 도매상을 통한 매출액이라서 뉴욕이 패션산업의 중심지임을 알 수 있다.

한편 뉴욕에는 8개의 패션관련 학교가 있으며, 그중에서도 FIT(Fashion Institute of Technology)는 1만1천명의 학생이 재학하고 있다.

이외에도 the Parsons School of Design과 the Laboratory Institute of Merchandising 등이 있다. 이들 학교에는 한국인 학생들이 20~30% 정도 유학하고 있으며, 이러한 추세에 힙입어 뉴욕 패션업계의 주니어 디자이너들의 20% 정도가 한국계로서 이들이 몇 년이 지나면 중견 디자이너로 활동하게 될 것이다. 원단 소싱 및 구매에 결정적인 역할을 하는 이들 디자이너 중에 한국계가 많다는 사실은 앞으로 한국패션산업 발전에 아주 큰 힘이 되어줄 것이다.

뉴욕은 도매뿐만 아니라 의류 생산의 중요한 중심지이며, 미국에서 생산하는 여성의류(dress, coats, suit, sportswear)의 18%와 각종 드레스류의 28%를 만들고 있다.

2) 뉴욕의 패션산업

- 의류업 종사자 : 10만명(원단 의류 생산: 6만2천명, 도매상 : 3만8천명, 의류 생산업 : 뉴욕의 제조업 전체에서 3분의 1을 차지할 정도로 큰 규모이다.

  이는 단일분야로는 제조업 중 가장 큰 비중이다.
- the Union of Needle Trades, Industrial and Textile Employees(UNITE) : 1/2 이상의 제조업체들이 이 조합에 가입하고 있다.
- 임금 : 대부분의 의류 제조업체들은 시간당 6.50~7.50달러를 지불하고 있으나, 일부 업체들은 더 많이 지불하고 있다. 또한 샘플을 만드는 샘플사 및 패턴사들은 시간당 12~15달러 정도, 숙련자들은 시간당 25달러까지 받는다.

  이러한 의류업은 미국 이민자들에게 중요한 일자리를 제공하고 있으며, 이들이 75%를 차지하고 있다. 이들 중에는 한국계도 많다. 그러나 점차 외국의 값싼 노동자가 들어감에 따라 이들 제조업체들이 중국, 남미, 동남아 등으로 생산기지를 옮기고 있다.

  이러한 거대 시장을 향해 연간 12만 5천명이 뉴욕을 방문하고 있어 숙박업, 음식업,교통 등 패션산업 이외의 경제파급효과도 커 연간 1억달러 정도의 부수적인 소득을 얻고 있다.

– 패션중심타운 : MIDTOWN 일대는 뉴욕 맨해튼 최대의 유행거리이다.

현재 뉴욕에는 중견디자이너로 활동하고 있거나 에이전씨, CONVERTER로서 주목받고 있는 한국인들이 빠른 속도로 늘어나고 있어 앞으로 거래가 더욱 활발해져 한국의 섬유패션 산업 발전에 크게 기여할 것이다.

특히 한국의 섬유산업은 그 동안 중국의 덤핑공세에 경쟁력을 잃었으나 미국의 쿼터제도폐지, 중국의 급격한 변화(인건비상승, 노동계약법 강화, 기타 외국기업에 대한 차별 등), 개성공단활성화 등의 요인으로 점차 경쟁력을 회복하고 있다.

게다가 서울시 월드DDP(동대문디자인플라자)프로젝트에 따른 동대문상권의 세계를 향한 도약으로 한국의 섬유패션은 다시 한번 세계시장을 장악하게 될 것이다.

2. 뉴욕의 금융가

맨해튼을 중심으로 아래쪽 DOWN TOWN은 증권가, 금융/보험 중심지북쪽인 위쪽 UPTOWN은 할렘가이다.

3. 초저가 상품

뉴욕 Jack's 99C : 한국의 천냥 하우스와 같이 초저가상품을 팔고 있다.

규모나 제품의 질에서는 비교할 수 없을 정도로 큰 차이가 난다.

- 1층 : 식료품과 문구류
- 2층 : 주방용품과 부엌 및 침실 용품
- 3층 : 화장품 및 전자제품

위치 : 32 St, 6-7 Ave

4. 주요 백화점

1) 바니스 뉴욕(Barnets NewYork)
2) 메이시(Macy's) 백화점
3) 니만마커스(Neiman Marcus) www.neimanmarcus.com/
4) 블루밍데일(bloomingdales) www.bloomingdales.com
5) 버그도프 굿맨
6) 바니즈 뉴욕 백화점 www.barneys.com

제18과 패션잡지

18

패-션 매거진
Fashion magazine

1. 본문

훳 카인 어브 패-션 매거진즈 두 유
Buyer : What kind of fashion magazines do you
리퍼- 투
refer to?

위 썹쓰크라이브 투 엘레 유에쓰에이 헷퍼- 바자-
Seller : We subscribe to Elle USA, Happer Bazzar
유에쓰에이 보그 유에스에이 앤드 쏘우 온
USA, Vogue USA, and so on.

쏘우 유 아- 썹쓰크라이빙 투 디퍼-랜트 타입쓰
Buyer : So, you are subscribing to different types
어브 매거진즈
of magazines.

보그 베스트 수-트 아우어- 컴패니즈
Seller : Vogue best suit our company's

컨셉프트 어몽 뎀 올
concept among them all.
플리-즈 고우 디-프 인투 더 스터디 어브 잇
Please go deep into the study of it.

바이어 : 패션잡지는 무엇을 참고로 합니까?
판매사원 : 네, 엘레, 하퍼바저, 보그 등을 구독하고 있습니다.
바이어 : 여러 종류의 잡지를 구독하시는군요.
판매사원 : 그 중에서도 보그는 당사의 컨셉과 딱 맞습니다.
잘 연구해 주십시오.

2. 반복하기

홧 카인 어브 패-션 매거진 두 유 리퍼- 투
1) What kind of fashion magazine do you refer to?
패션잡지는 무엇을 참고로 합니까?

홧 카인 어브 패-션 매거진 두 유 리-드
What kind of fashion magazine do you read?
패션잡지는 무엇을 읽고 있습니까?

홧 카인 어브 패-션 매거진 두 유 컨씨더-
What kind of fashion magazine do you consider
포- 유어- 브랜드
for your brand?
브랜드 참고용 패션잡지는 무엇을 구독하고 있습니까?

두 유 언더-스탠 올 더 컨텐츠 인 더
2) Do you understand all the contents in the
매거진
magazine?
그 잡지(MAGAZINE)의 내용을 전부 이해합니까?

두 유 리-드 올 더 컨텐츠 인 더 매거진
Do you read all the contents in the magazine?
잡지(MAGAZINE)의 내용을 전부 읽습니까?

캔 유 리-드 올 더 컨텐츠 어브 매거진
Can you read all the contents of magazine?
잡지(MAGAZINE)의 내용을 전부 읽을 수 있습니까?

캔 유 컴프리핸 올 더 컨텐츠 어브 더
Can you comprehend all the contents of the
매거진
magazine?
잡지(MAGAZINE)의 내용을 전부 이해 할 수 있습니까?

캔 유 리-드 올 어브 더 매거진
Can you read all of the magazine ?
잡지(MAGAZINE)의 내용을 전부 읽을 수가 있습니까?

위 져스트 컨설트 더 포토스
3) We just consult the photos.
사진만 보고 참고로 합니다.

위 져스트 컨씨더- 포토스
We just consider photos.
사진만 보고 참고로 합니다.

위 캣치 업 위드 포토스
We catch up with photos.
사진을 보고 흉내를 내기만 합니다.

위 컨썰트 더 씨루앳 어브 더 디자인즈
We consult the silhouette of the designs.
디자인의 실루엣만 참고로 합니다.

위 컨씨더- 디자인 씨루앳 온리
We consider design silhouettes only.
디자인의 실루엣만 참고로 합니다.

훳 이즈 디 에이지 그룹 어브 디쓰 매거진
4) What is the age group of this magazine?
이 잡지의 연령층(AGE GROUP)은 몇 살입니까?

하우 어바웃 디 에이지 그룹 어브 디쓰 매거진
How about the age group of this magazine?
이 잡지의 연령층(AGE GROUP)은 몇 살입니까?

훳 에이지 그룹 이즈 디쓰 매거진 타-겟팅 포-
What age group is this magazine targeting for?
이 잡지가 목표로 하는 연령층(AGE GROUP)은 몇 살입니까?

훳 에이지 그룹 이즈 디쓰 매거진 에이밍 엣
What age group is this magazine aiming at?
이 잡지가 대상으로 삼는 연령층(AGE GROUP)은 몇 살입니까?

훳 이즈 더 타-겟 에이지 어브 디쓰 매거진
What is the target age of this magazine?
이 잡지의 타겟(TARGET)은 몇 살입니까?

관련 패션 용어

수-트 고우 웰
suit, go well : 어울리다, 맵시있다

더 베스트 드레써-
the best dresser : 옷 (가장)잘 입는 사람

더 워-스트 드레써-
the worst dresser : 옷을 (가장)잘못 입는 사람

컬렉션
collection : 의상발표회

스트릿트 패-션
street fashion : 스트리트패션, 길거리 패션

컬러-풀
colorful : 화려한

메이크 업
make-up : 화장

해 설 미국발행 패션잡지명

1. 10대용

1) Seventeen USA
2) Bop Magazine, Teen Vogue

2. 20대용

1) Elle USA
2) Happer Bazzar USA
3) Vogue USA
4) W magazine
5) Marie Claire USA,
6) Nylon USA
7) In Style USA
8) WWD Magic,

3. 30대용

1) People Style Watch
2) Luckey
3) Zink,

제19과 식사하기

19

헤빙 어 밀
Having a meal

1. 본문

훳 타임 이즈 잇 나우
Buyer : What time is it now?

잇쓰 얼레디 패스트 투웰브 어클락
Seller : It's already past twelve o'clock.

우쥬 라이크 투 헤브 런취 위드 미
Would you like to have lunch with me?

댓쓰 어 굿 아이디어
Buyer : That's a good idea!

훳 우쥬 라이크 포- 런취
Seller : What would you like for lunch?

낫씽 파-티큘러-
Buyer : Nothing particular!

웰- 아이 노우 어 나이쓰 스시 레스츄랑 니어-
Seller : Well, I know a nice sushi restaurant near

히어-
here.

하우 어바웃 댓
How about that?

댓쓰 파인 위드 미
Buyer : That's fine with me.

아이 헤븐트 헤브 낫 헤드 스시 포- 어 롱
I haven't(=have not) had sushi for a long

타임
time.

바이어 : 지금 몇시입니까?

판매사원 : 벌써 12시가 지났군요.

같이 점심식사(LUNCH)하러 가시죠?.

바이어 : 좋습니다.

판매사원 : 점심 메뉴로 무엇이 좋습니까?

바이어 : 특별히 생각한 것은 없습니다.

판매사원 : 그러면, 초밥을 잘하는 음식점이 가까이에 있습니만.

바이어 : 좋습니다. 저도 초밥을 안 먹은지가 오래 되었습니다.

2. 반복하기

잇쓰 얼레디 오버- 투엘브
1) It's already over 12.

벌써 12시 지났군요.

오버~ 투엘브
Over 12.
12시 지났군요.

렛쓰 해브 런취 두게더-
2) Let's have lunch together.
같이 점심식사(LUNCH)하러 갈까요.

휫 우쥬 라이크
3) What would you like?
무엇이 좋습니까?

휫쓰 유어- 페이버-릿트 푸-드
What's your faverite food?
무슨 음식을 좋아하세요?

아이 인죠이 애니 카인 어브 푸-드
4) I enjoy any kind of food.
저는 무엇이든지 좋습니다만.

잇 더즌 (=더즈 낫) 매터-
It doesn't(=does not) matter.
상관없습니다.

댄~ 렛쓰 고우 투 어 스시 레스츄랑
5) Then, let's go to a shushi restaurant.
그러면, 초밥 먹으러 갈까요.

대어- 이즈 어 굿 레스츄랑 니어- 히어-
There is a good restaurant near here.
가까운 곳에 맛있게 하는 가게가 있으니까.

아이 노우 더 굿 원
I know the good one.
맛있게 하는 가게를 알고 있어요.

잇쓰 빈 어 롱 타임 포- 미 투 이-트 스시
It's been a long time for me to eat shushi.
저도 오랜만에 초밥이 먹고 싶군요.

3. 반복하기

훳 이즈 투데이즈 스페셜
1) What is today's special?
오늘의 특별 메뉴는 무엇입니까?

훳 이즈 투데이즈 스페셜 매뉴
What is today's special menu?
오늘의 특별(SPECIAL) 메뉴는 무엇입니까?

훳 이즈 스페셜 포- 투데이즈 런취
What is special for today's lunch?
오늘의 특별 점심 요리는 무엇입니까?

아이 라이크 재패니즈 푸-드 베리 머치
2) I like Japanese food very much.
저는 일식을 좋아합니다.

아이 라이크 코리언 푸-드 쏘우 머치
I like Korean food so much.
저는 한국요리를 좋아합니다.

아엠 크레이지 어바웃 챠이니즈 푸-드
I am crazy about Chinese food.
저는 중국요리를 아주 좋아합니다.

미-트 온 더 라이쓰 플리-즈
3) Meat on the rice, please.
소고기덮밥 한 그릇 부탁합니다.

미-트 온 더 라이쓰 떠블 싸이즈 플리-즈
Meat on the rice. Double size, please.
소고기덮밥 곱빼기 부탁합니다.

미-트 온 더 라이쓰 빅 싸이즈 플리-즈
Meat on the rice. Big size, please.
소고기덮밥 곱배기 부탁합니다.

아엠 퍼지 어바웃 푸-드
4) I am fussy about food.
저는 식성이 까다롭습니다.

아엠 어 픽키 이-터-
I am a picky eater.
저는 식성이 까다롭습니다.

아엠 하-드 투 플리-즈 어바웃 푸-드
I am hard to please about food.
저는 입맛이 까다롭습니다.

킴치 이즈 베리 핫
5) Kimchi is very hot.
김치가 매우 맵군요.

킴치 이즈 어 베리 스파이씨 푸-드
Kimchi is a very spicy food.
김치는 너무 매운 음식입니다.

디쓰 킴치 이즈 베리 쏠티
This kimchi is very salty.
이 김치는 매우 짜군요.

디쓰 킴치 이즈 베리 플렛트
This kimchi is very flat.
김치가 매우 싱겁군요.

위 헤브 어 뷔페 포- 브랙패스트
6) We have a buffet for breakfast.
조식은 뷔페입니다.

위 헤브 어 재패니즈 레귤러- 밀- 포- 브랙패스트
We have a Japanese regular meal for breakfast.
조식은 일본정식입니다.

위 헤브 어 웨스턴 스타일 포- 브랙패스트
We have a western style for breakfast.
조식은 양식입니다.

아이 인죠이드 베리 머치
7) I enjoyed very much.
매우 잘 먹었습니다.

아이 러브드 잇 베리 머치
I loved it very much.
매우 잘 먹었습니다.

잇 워즈 딜리셔쓰
It was delicious.
맛있게 잘 먹었습니다.

잇쓰 온 미
8) It's on me.
제가 내겠습니다.

잇쓰 마이 츄리-트
It's my treat.
제가 내겠습니다.

플리-즈 브링 미 더 체크
9) Please bring me the check.
계산서 부탁합니다.

더 리씹-트 플리-즈
The receipt, please.
영수증(RECEIPT)부탁합니다.

깃 미 더 빌 플리-즈
10) Give me the bill, please.
영수증 부탁합니다.

깃 미 더 첵크 플리-즈
Give me the check, please.
계산서 부탁합니다.

20 제20과 전화 걸기

플레이씽 어 콜

Placing a call

1. 본문

걸 기

헬로우 디쓰 이즈 영 수 킴 프롬

Seller : Hello, this is Yeong Su Kim from

동대문 마-켓트 인 코리어

Dongdaemoon-market in Korea.

메이 아이 스피크 투 미스터- 크리쓰토퍼-

May I speak to Mr. Christopher?

져스트 어 모멘트 아이 윌 풋 힘 온

Buyer 2 : Just a moment. I will put him on.

헬로우 디쓰 이즈 크리쓰토퍼- 스피-킹

Buyer 1 : Hello, this is Christopher speaking.

하이 디쓰 이즈 영 수 킴

Seller : Hi, This is Yeong Su Kim.

롱 타임 노우 씨- 하우 아- 유

Long time, No see. How are you?

판매사원 : 여보세요, 여기는 한국 동대문의 김입니다만.
크리쓰토퍼씨와 통화할 수 있습니까?

바이어2 : 잠깐만 기다려 주십시오. 곧 바꾸겠습니다.

바이어1 : 네, 전화 바꾸었습니다. 크리쓰토퍼입니다.

판매사원 : 오랜만입니다. 김영수인데, 잘 지내십니까?

부재중

헬로 디쓰 이즈 킴 프롬 동대문
Seller : Hello, this is Kim from Dongdaemun.
이즈 미쓰터- 크리쓰토퍼- 인
Is Mr.Christopper in?

쏘리 히 이즈 낫 히어-
Buyer 2 : Sorry, he is not here.
이즈 대어- 애니 메세이지
Is there any message?

플리-즈 텔 힘 (댓) 킴 프롬
Seller : Please tell him (that) Kim from
동대문 헤즈 콜드
Dongdaemun has called.

아이 씨- 아이 윌 렛 힘 노우 유 콜드
Buyer 2 : I see. I will let him know you called.

판매사원 : 여보세요, 여기는 한국 동대문의 김인데,
크리쓰토퍼씨 계십니까?
바이어2 : 미안합니다. 지금 자리를 뜨고 없습니다.
메세지라도 있습니까?
판매사원 : 네, 동대문의 김에게서 전화가 왔었다고 전해 주십시오.
바이어2 : 알겠습니다. 틀림없이 전해 놓겠습니다.

(1) 받기

헬로 디쓰 이즈 크리쓰토퍼- 어브 뉴-욜-크
Buyer : Hello, This is Christopper of NewYork
추라이드 프롬 뉴-욜-크
Trade from NewYork.
쿳 아이 스피-크 투 미쓰터- 킴 플리-즈
Could I speak to Mr. Kim, please?

아이 윌 풋 쥬 스루-
Seller 2 : I will put you through.
홀 더 라인 홀드 온 플리-즈
Hold the line. (=Hold on, please.)

디쓰 이즈 킴 스피-킹
Seller 1 : This is Kim speaking

롱 타임 노우 토크 디쓰 이즈 크리쓰토퍼-
Buyer : Long time, no talk. This is Christopper
어브 뉴-욜-크 츄라이드
of NewYork Trade.
하우 헤브 유 빈
How have you been?

바이어 : 여보세요, 여기는 뉴욕에서 온 뉴욕무역 크리쓰토퍼입니다만, 김씨 계십니까?

판매사원 : 잠깐만 기다려 주십시오. 곧 바꾸겠습니다.

판매사원 : 네, 전화 바꾸었습니다. 김입니다.

바이어 : 오랜만입니다. 뉴욕무역 크리쓰토퍼인데, 잘 지내셨습니까?

(2) 부재중

헬로우 디쓰 이즈 크로스토퍼- 어브 뉴-욜-크
Buyer : Hello, This is Christopper of NewYork
츄라이드
Trade.
메이 아이 스피-크 투 미쓰터- 킴 플리-즈
May I speak to Mr. KIM, please?

아임 쏘리 히 헤즈 져스트 스텝프트 아웃 어브 히즈
Seller : I'm sorry. He has just stepped out of his
오피쓰
office.
메이 아이 테이크 어 메쎄이지
May I take a message?

예쓰 우 쥬 져스트 텔 힘 댓
Buyer : Yes, would you just tell him that
크리쓰토퍼- 콜드
Christopper called?
져스트 쎄이 아이 콜드 플리-즈
(=Just say I called, please.)

올 라잇 아이 윌 헤브 힘 더 멧쎄이지
Seller : All right, I will have him the message
서-튼리
certainly.

바이어 : 여보세요, 여기는 뉴욕무역 크리쓰토퍼인데, 김씨 계십니까?
판매사원 : 미안합니다. 막 자리를 막 뜨고 없습니다.
메시지라도 있습니까?
바이어 : 네, 내가 전화가 했다고 전해 주십시오.
판매사원: 알겠습니다. 틀림없이 전해 놓겠습니다.

2. 반복하기

메이아이스피-크 투 미쓰터-리 엣 더 디자인 디파-트먼트
1) May I speak to Mr. Lee at the design department?
디자인실의 이씨와 통화 할 수 있을까요?

이즈 대어- 미쓰터- 리 인 더 디자인 룸-
Is there Mr. Lee in the design room?
디자인실의 이씨 계십니까?

이즈 대어- 미쓰터- 리 워-킹 인 더 디자인 룸-
Is there Mr. Lee working in the design room?
디자인실에서 일하는 이씨 계십니까?

익쓰큐즈 미 후 이즈 콜링 플리-즈
2) Excuse me! Who is calling, please?
실례지만, 누구십니까?

메이아이애스크 후즈 콜링 플리-즈
May I ask who's calling, please?
실례지만, 누구십니까?

히 이즈 아웃 어브 오피-쓰 나우
3) He is out of office now.
지금, 외출중입니다.

쉬즈 어웨이 프롬 디 오피쓰 디쓰 에프터-눈
She's away from the office this afternoon.
그녀는 지금(오후)부재중입니다.

히 이즈 낫 엣 히즈 데쓰크 나우
4) He is not at his desk now.
그는 자리에 없습니다.

히 이즈 낫 인 디 오피쓰 나우
He is not in the office now.
그는 지금 사무실에 없습니다.

메이아이 헬프 유
5) May I help you?
무슨 용건입니까?

아이 윌 콜 유 어게인
6) I will call you again.
또, 전화하겠습니다.

아윌 콜 힘 백
I'll call him back.
그에게 다시 걸겠습니다.

이즈 대어- 애니 멧쎄이지
7) Is there any message?
뭔가, 전할 말씀이라도 있습니까?

이즈 대어- 애니씽 투 텔 힘
Is there anything to tell him?
뭔가, 전언이라도 있습니까?

캔 아이테이크어 멧쎄이지
Can I take a message?
메시지를 남기시겠습니까?

나우 히 이즈 위드 어클라이언트
8) Now he is with a client.
접객중입니다.

나우 히 이즈 인 더 미-팅
Now he is in the meeting.
그는 지금 회의중입니다.

히이즈 온 디 어더- 라인
9) He's on the other line.
다른 전화 통화중입니다.

아이드라이크 투 렌트 어 모바일 폰
10) I'd like to rent a mobile phone.
휴대전화를 빌리고 싶은데.

아이 원 투 렌트 어 모바일 폰
I want to rent a mobile phone.
휴대전화를 빌리고 싶은데.

아이 니-드 투 렌트 어 모바일 폰
I need to rent a mobile phone.
휴대전화를 빌리고 싶은데.

아이 원 투 해브 어 모바일 폰 로-밍 써-비쓰
I want to have a mobile phone roaming service.
휴대전화 로밍 서비스(ROAMING)를 받고 싶습니다.

아이드라이크 투 겟 어 모바일 폰 로-밍 써-비쓰
I'd like to get a mobile phone roaming service.
휴대전화 로밍 서비스(ROAMING)를 받고 싶습니다.

관련 패션 용어

멧쎄이지
message : 메시지, 전언

컬렉트 콜
collect call : 수신자 부담통화

오퍼-레이터-
operator : 교환원

스테이션 투 스테이션 콜
station to station call : 번호통화

퍼-슨 투 퍼-슨 콜
person to person call : 지명통화

리쎕셔니스트
receptionist : 대표(전화)

제21과 길묻기

애스킹 포- 더 디렉션즈
Asking for the directions

21

1. 본문

익쓰큐-즈 미 훼어- 이즈 피브스애비뉴 스테이션
Seller : Excuse me. Where is 5th AVE Station?

고우 스트레이잇 디쓰 웨이 앤드 턴- 레프트 앳
Passerby : Go straight this way and turn left at
더 써-드 블럭
the third block.
유윌 파인 잇 온 유어- 라잇
You'll find it on your right.

판매사원 : 미안합니다. 5번가역은 어디입니까?
통행인 : 이 길을 쭉 가서, 세 번째 블록에서 왼쪽으로 도세요.
오른쪽에 보입니다.

익쓰큐-즈 미 쿠 쥬 텔 미 하우 투
Seller : Excuse me. Could you tell me how to
겟 투 더 양키-
get to the Yankee
스타디움 바이 써브웨이
Stadium by subway?

유 캔 겟 투 더 양키- 스태디움 바이
Passerby : You can get to the Yankee Stasium by
더 라인 포올 디렉틀리
the line 4 directly.
디 인틀랜쓰 이즈 오버- 대어-
The entrance is over there.

판매사원 : 실례합니다.
양키스타디움역은 지하철로 어떻게 가는지 알려 주시겠습니까?.
통행인 : 4호선으로 한 번에(=곧바로)양키스타디움역까지 갈 수 있어요.
입구는 저쪽입니다.

2. 반복하기

훼어- 이즈 린컨 센터- 써브웨이 스테이션
1) Where is Lincoln Center Subway Station?
링컨센터 지하철역은 어디입니까?

훼어- 이즈 컬럼비아 유니버-씨티 온
Where is Columbia University on?
콜롬비아대학교는 어디에 있습니까?

후이치 웨이 이즈 레드 투 컬럼버스 써-클 스테이션
Which way is led to Columbus circle Station?
어느 쪽이 콜롬버스서클역입니까?

익쓰큐-즈 미 윌 유 쇼우 미 하우 투 겟 투
2) Excuse me. Will you show me how to get to
린컨 센터- 바이 써브웨이
Lincoln Center by subway?
실례합니다. 링컨 센터는 지하철로 어떻게 가는지 가르쳐 주시겠어요?

쿠 쥬 디렉트 미 하우 투 겟 투 컬럼비아
Could you direct me how to get to Columbia
유니버-씨티 온 풋트
university on foot?
미안합니다. 콜롬비아대학교역은 걸어서 어떻게 가는지 가르쳐 주시겠습니까?

쿠 쥬 쇼우 미 하우 투 겟 투 센트럴 파-크
Could you show me how to get to Cetral Park?
미안합니다. 센트럴파크역은 어떻게 가는지 가르쳐 주시겠습니까?

키-프 고우잉 스트레이잇 온 디쓰 스트릿트 앤드 턴- 라이트
3) Keep going straight on this street and turn right
엣 더 써-드 코-너-
at the third corner.
이 거리를 곧장 가서 3번째 코너에서 오른쪽으로 도세요.

유 윌 씨 더 비울딩 온 유어- 라잇
You will see the building on your right.
이 길을 쭉 가서, 세 번째 코너를 돌면 오른쪽에 빌딩이 보입니다.

어롱 위드 디스 웨이 턴- 라잇 프롬 더 써-드
Along with this way, turn right from the third
코-너-
corner.
이 길을 쭉 가서, 세 번째 코너를 돌면 됩니다

고우 스트레잇 디스 웨이 앤드 턴- 앳 더 써-드 코-너-
Go straight this way, and turn at the third corner.
이 길을 쭉 가서, 세 번째 코너를 돌면 됩니다

고우 투 스트레잇 디스 웨이 앤드 턴- 라잇 프롬 더
Go to straight this way, and turn right from the
트래픽 싸인
traffic sign.
이 길을 똑바로 가면 신호등이 나오는데, 거기에서 오른쪽으로 돌아 주십시오..

고우 투 스트레잇 디스 웨이 앤드 턴- 레프트 앳 디 앤드 어브
Go to straight this way, and turn left at the end of
디 앨리
the alley.
이 골목을 막다른 곳까지 가서 왼쪽으로 돌아가세요.

고우 투 스트레잇 디스 웨이 앤드 턴- 레프트 엣 디 앤드 어브
Go to straight this way, and turn left at the end of
더 스트릿트
the street.
이 길 끝까지 가서 거리끝에서 왼쪽으로 돌아가세요.

써브웨이 라인 떠블유 우드 비 더 베스트 웨이
4) Subway line W would be the best way.
지하철W선이 가장 가기 좋아요.

유 캔 겟 대어- 위드아웃 어 트랜쓰퍼- 바이 라인 파이브
You can get there without a transfer by line 5.
5호선으로 환승하지 않고 갈 수 있어요.

유 캔 겟 대어- 바이 더 라인 떠블유 디렉틀리
You can get there by the line W directly.
그곳은 W선으로 곧바로 갈 수 있어요.

디 앤틀랜쓰 이즈 오버- 대어-
5) The entrance is over there.
입구는 저쪽입니다.

대어- 이즈 디 앤틀랜쓰
There is the entrance.
저게 입구입니다.

디쓰 웨이 포- 엑씻
This way for exit.
이길이 출구쪽이예요.

테이크 더 써브웨이 히어- 앤드 겟 어프 엣 더 써-드 스탑
6) Take the subway here and get off at the third stop.
여기서 지하철을 타고 세 번째 역에서 내리세요.

더 써-드 스테이션 프롬 더 유니온 스퀘얼 이즈 쓰리쓰리
The third station from the Union Square is 33
스트릿트
street.
유니언광장역에서 3번째 역이 33번가입니다.

프롬 디 양키- 스태디움 테이크 더 라인 포울
From the Yankee Stadium take the line 4.
양키스타디움역에서 4번선을 타세요.

앤드 겟 어프 앳 디 에잇쓰 스테이션 앤드 유 윌 씨
And get off at the 8th station and you will see
킹쓰브릿쥐 로-드 스테이션
Kingsbridge Road Station.
그리고 8번째 역에서 내리면 킹스브릿지길목입니다.

테이크 디 라인 에쓰 앳 디 유니온 스퀘어- 앤드 겟 어프 앳
Take the line S at the Union Square and get off at
더 쎄븐쓰 스탑 앤드 유 윌 씨 헌터- 컬리쥐
the seventh stop and you will see Hunter College.
유니온광장에서 지하철 S선을 타고 7번째 역에서 내리면 헌터대학을 찾을 수 있습니다.

테이크 디쓰 라인 고우 투 원씩쓰에잇스트릿트 앤드 체인쥐 앳 더
7) Take this line, go to 168Street and change at the
라인 에쓰 댄 잇 이즈 앳 디 에잇스 스테이션
line S. Then it is at the eighth station.
이 지하철로 168번가역까지 가서 C선으로 갈라타세요.
거기서 8번째 역입니다.

트랜스퍼- 투 더 라인 씨 앤드 겟 어프 엣 디 에잇스
Transfer to the line C and get off at the eighth
스테이션
station.
C선으로 갈아타고 8번째 역에서 내립니다.

양키- 스태디움 스테이션이즈앳 디 오포짓트 싸이드
8) Yankee Stadium Station is at the opposite side.
양키스타디움역은 반대편입니다.

컬롬비아 유니버-씨티 이즈 오버- 대어-
Colummbia University is over there.
콜롬비아대학교는 저쪽입니다.

컬롬비아 유니버-씨티 이즈 오버- 히어-
Colummbia University is over here.
콜롬비아대학교는 이쪽입니다.

더 니어-레스트 스테이션 이즈 디쓰 웨이
The nearest station is this way.
가장 가까운역은 이 방면입니다.

관련 패션 용어

써브웨이 맵
subway map : 지하철 지도

메트로 네트워-크
metro network : 중심지 네트워크

모노레일
monorail : 모노레일(=단궤조 위를 달리는 교통수단)

다운 타운
down town : 중심지

럿쉬 아우어-
rush hour : 출퇴근 시간

익쓰프레쓰 추레인
express train : 특급열차

렙피드 추레인
rapid train : 특급열차

해 설 교통 관련사항

1. 서울~뉴욕 비행시간

직항로 14시간 서울(인천)~뉴욕(JFK) 6,882 마일
돌아올 때는 16시간(역풍을 맞으며 날아 2시간이 더 걸린다)

2. 뉴욕 공항(3개)

(1) JFK국제공항(J.F. Kennedy International Airport)

1) 항로 : 일반적으로 한국에서 출발할 때는 뉴욕직항로를 따라 JFK공항으로 간다.
2) 위치 : 퀸즈보로의 자마이카 베이에 있으며, 맨하튼에서 자동차로 약 1시간 거리.
3) 경유지 : 미국 동부 최대의 관문이며, 카리브해 제국과 남미행 경유지이다.
4) 교통편 : Van Wyck Expressway를 타고 1-495로 갈아탄 다음 미드타운 터널을 이용하면 곧바로 맨하튼으로 간다.
   뉴왁, 라과디아 공항으로 직행하는 버스를 운행하고 있으므로 밴외을 타면 라과디아에서 자동차로 30~45분이면 도착한다.
   2003년 봄 에어트레인이 개통되어 공항에서 지하철을 경유하여 맨하튼으로 쉽게 갈 수 있다.

문의 : 718-244-4444
분실물 신고/문의 : 718-244-4225
주차문의 : 718-244-4080

(2) 뉴왁 국제공항(Newark International Airport; 약어 EWR)

1) 항로 : 국제편은 물론 주요 미국내선, 소형 전세기 등이 취항하고 있다.
2) 위치 : 뉴저지주에 있으며, 허드슨 강을 건너 약 16마일 정도 떨어져 있는 맨하튼 미드타운까지 자동차로 45분 가량 소요된다.
3) 교통편 : 공항에서 시내로 나오는 버스 요금은 $10정도 이다.
   2002년에 개통한 에어트레인을 이용하면 20분 만에 맨해튼에 도착한다.

일반적 문의 : 973-961-6000
주차문의 : 973-961-4750

(3) 라과디아 국제공항(Laguardia International Airport)

1) 항로 : 주로 국내선 항공편이 취항하고 있으며, 남미나 카리브해 지역에서 오가는 국제선의 경우 출발은 JFK에서 하고 도착은 라과디아로 하는 경우가 많다.
2) 위치 : 퀸즈보로 북쪽
3) 교통편 : 그랜트 센트럴 파크웨이를 이용하면 맨하튼 까지 쉽게 접근 할 수 있다.
   미드타운 까지 자동차로 약 30분 소요.
   2인 이상이 오고 갈 때는 택시비가 버스비보다 훨씬 싸다.

문의 : 718-533-3400
주차문의 : 718-533-3850
교통편문의 : 800-247-7433

*위 세 공항을 관리하는 포트오소리티(Port Authority) 인터넷 홈페이지(www.panynj.gov)에 접속한 후 왼쪽의 Airport탭을 누르면 항공편 출발 및 도착시간, 공항까지 가는 방법 등 상세한 정보를 얻을 수 있다.

4. 지하철(뉴욕)

뉴욕의 지하철은 세계에서 가장 오래된 역사를 자랑하고 있다. 지하철이 구석구석 다니고 있어 왠만한 지역은 지하철과 도보로 대부분 찾아갈 수 있다.

처음 이용하면 그 낡고 지저분하고 큰 규모에 놀란다.

- 길이 : 1,210 Km(세계최고, 최장)
- 라인 : 28개
- 운행시간 : 대부분 24시간 동안 운행하고 있다.
- 이용객 : 일년에 12억 (1.2 billion)이 넘는 사람들이 이용하고 있으며, 4000대 이상의 버스로 연계되고 있는 300개의 버스 라인은 일년 동안 6억명 이상의 승객을 실어 나르고 있다.
- 요금 : 2009년 현재 지하철 1회 탑승비용은 2불이다. 버스도 같은 가격이다.

지하철 노선도는 지하철의 티켓판매창구에서 무료로 구할 수 있다.

작은 역에는 무인판매기만 있고 판매직원은 없다.

- 노선 : 방향에 따라 uptown 과 downtown 이 있다.
  북쪽으로 향하는 노선은 uptown방향이다.
- 지하철 안내도 보기 www.mta.nyc.ny.us (구글이 들어있어 한국어번역 서비스도 하고 있다.)

22 제22과 호텔예약

호텔 리져-베이션즈
Hotel reservations

1. 본문

쌩- 큐- 써- 디쓰 이즈 뉴-욜-크 팰리쓰
Front desk : Thank you, sir. This is NewYork Palace
호텔
Hotel.
메이아이 헬프 유
May I help you?

아이드라이크 투 리져-브 어 룸
Seller : I'd like to reserve a room.

슈어- 웬 이즈잇 포-
Fornt desk : Sure, when is it for?

프롬 옥토우버- 피브쓰 포- 투 나잇츠
Seller : From October 5th for 2 nights.

홧 카인 어브 룸 두 유 원트
Fornt desk : What kind of room do you want?

어 씽글 룸
Seller : A single room.

오우케이 메이아이 헤브 유어- 네임 플리-즈
Fornt desk : OK, May I have your name, please.

욱진 정 프롬 코리어
Seller : UkJin Chung from Korea.

오우케이 포- 미쓰터- 욱진정
Front desk : OK. for Mr. UkJin Chung.

앤드 메이 아이 헤브 유어- 컴패니 네임
And may I have your company name

앤드 텔레폰 넘버- 플리-즈
and telephone number, please?

더 컴패니 네임 이즈 인터-내이셔널
Seller : The company name is International

익쓰체인지 인쓰티튜-트 앤드 더 폰
Exchange Institute, and the phone

넘버- 이즈 제로우투 앤드 포울제로우제로우 앤드 원투쓰리포울
number is 02-400-1234

프론트데스크 : 감사합니다. 뉴욕팰리스호텔입니다. 무엇을 도와 드릴까요?

판매사원 : 방을 하나 예약하고 싶습니다.

프론트데스크 : 그러십니까, 언제이신가요?

판매사원 : 10월 5일부터 3박입니다.

프론트데스크 : 어떤 방을 원하십니까?

판매사원 : 싱글룸 한 개요.

프론트데스크 : 알았습니다. 이름을 부탁드립니다.
판매사원 : 정욱진 한국이예요.
프론트데스크 : 알았습니다. 정욱진씨.
회사이름과 전화번호를 부탁합니다.
판매사원 : 회사이름은 국제교류연구원이고, 전화번호는 02-400-1234이예요.

2. 반복하기

아이드 라이크 투 리져-브 어 룸
1) I'd like to reserve a room.
방하나 예약하고 싶습니다.

아이드 라이크 투 메이크 어 리져-베이션
I'd like to make a reservation.
예약하고 싶습니다.

아이 우드 라이크 투 북 어 씽글 룸
I would like to book a single room.
싱글룸 하나 예약하고 싶습니다.

아이 우드 라이크 투 리져-브 어 떠블 룸
I would like to reserve a double room.
더블룸 하나 예약하고 싶습니다.

휫 카인 어브 룸 두 유 원트
2) What kind of room do you want?
어떤 종류 방을 원하세요?

휫 솔 어브 룸 두 유 원트
What sort of room do you want?
어떤 종류 방을 원하세요?

휫 타입 어브 룸 두 유 원트
What type of room do you want?
어떤 종류 방을 원하세요?

올 더 룸즈 아- 풀
3) All the rooms are full.
방은 만실입니다만.

위 헤브 노우 베이컨씨
We have no vacancy.
빈방이 없습니다.

룸 리져-베이션 이즈 베리 디피컬트
Room reservation is very difficult.
방 예약이 어렵습니다.

위 헤브 온리 트윈 룸즈 어베일러블 포- 댓 데잇트
We have only twin rooms available for that date.
그 날에는 트윈룸만 준비되어 있습니다.

우드 어 트윈 룸 비 오우케이
Would a twin room be okay?
트윈룸 괜찮으십니까?

하우 머치 이즈 어 룸 차-쥐 퍼- 나잇
4) How much is a room charge per night?
방값은 하룻밤에 얼마입니까?

하우 머치 이즈 잇 포- 어 나잇
How much is it for a night?
방값은 1박에 얼마입니까?

하우 머치 이즈 잇 퍼- 나잇
How much is it per night?
방값은 1박에 얼마입니까?

왓쓰 더 레잇 퍼- 나잇
What's the rate per night?
방값은 얼마입니까?

하우 머치 이즈어 씽글 룸 퍼- 나잇
5) How much is a single room per night?
싱글룸(Single room)은 일박에 얼마입니까?

하우 머치 이즈어 트윈 룸 포- 어 나잇
How much is a twin room for a night?
트윈룸(Twin room)은 일박에 얼마입니까?

아- 택쓰 앤드 써-비쓰 차-쥐 인클루디드
6) Are tax and service charge included?
세금과 봉사료는 포함되었나요?

이즈 브랙패스트 인클루디드
Is breakfast included?
조식은 들어가 있습니까?

이즌트 브랙패스트 인클루디드
Isn't breakfast included?

(= 브랙패스트 낫 인클루디드)
(=Breakfast not included?)

조식은 포함되지 않았습니까?

위드아웃 브랙패스트
Without breakfast?

조식 없이 입니까?

쏘-리 아이 원 투 체인지 더 리져-베이션
7) Sorry, I want to change the reservation.

미안합니다, 예약을 변경하고 싶습니다.

아이드 라이크 투 체인지 더 리져-베이션
I'd like to change the reservation.

미안합니다, 예약을 변경하고 싶습니다.

아이 원 투 켄슬 더 리져-베이션
I want to cancel the reservation.

예약을 취소하고 싶습니다.

아이드 라이크 투 켄슬 더 리져-베이션
I'd like to cancel the reservation.

예약을 취소하고 싶습니다.

더 키 이즈 인싸이드 더 룸
8) The key is inside the room.

열쇠를 방안에 놓았습니다. (=방안에 놓고 문을 닫았다는 뜻)

더 키즈 인 더 룸
The key's in the room.
열쇠를 방안에 두었습니다.

아이레프트더 키 인 더 룸
I left the key in the room.
열쇠를 놓고 문을 닫았습니다.

오우 노- 아이브 락크트 마이셀프 아웃
Oh no, I've locked myself out!
열쇠를 안에 두고 나와 들어 갈 수가 없습니다!

플리-즈 디파짓 디쓰 배게이지
9) Please deposit this baggage.
이 짐을 맡아 주십시오.

플리-즈 키-프 디쓰 배게이지
Please keep this baggage.
이 짐을 보관해 주기 바랍니다.

아이 원 투 디파짓 디쓰 배게이지
I want to deposit this baggage.
이 짐을 맡기겠습니다.

관련 패션 용어

매네이져-
manager : 지배인

프론트 데쓰크
front desk : 프론트

벨- 데스크
bell desk : 벨데스크

비앤비 벳 앤드 브랙패스트
B & B : 아침식사 포함된 숙박(Bed and breakfast의 줄임말)

웨이크업 콜 모-닝 콜
wake-up call, morning-call : 아침 잠 깨우기

유러피언 플랜
European plan (EP) : 식사제공하지 않음

컨티낸털 플랜
continental plan (CP) : 아침식사포함

제23과 뉴욕세관(입국심사, 세관통과)

이미그레이션 앤드 커스텀즈
Immigration & Customs

1. 본문

엣 디 이미그레이션
(입국심사 카운터 : at the immigration)

플리-즈 쇼우 미 유어- 패스포-트
Immigration : Please show me your passport.

예쓰 히어- 유 아-
Seller : Yes, here you are.

하우 매니 데이즈 윌 유 스테이 인
Immigration : How many days will you stay in
뉴-욜-크 하우 롱 아- 유
NewYork.(=How long are you
스테인 인 뉴-욜-크
staying in NewYork.)

포올 데이즈
Seller : Four days.

익쓰큐-즈 미 플리-즈 라잇 다운 유어-
Execuse me, please write down your
텔레폰 넘버- 인 어메-리카
telephone number in America.
더 텔레폰 넘버- 유 아-
(=The telephone number you are
유징 인 어메-리카
using in America.)

입국심사관 : 여권을 보여 주십시오.
판매사원 : 네, 여기 있습니다.
입국심사관 : 뉴욕에는 어느 정도 머무를 예정입니까?
판매사원 : 3박 4일입니다.
입국심사관 : 미안합니다만, 여기에 미국의 연락처 전화번호를 기입해 주십시오.

엣 더 커스텀즈
(세관 카운터 : at the customs)

이즈 대어- 애니씽 투 데클레어-
Customs : Is there anything to declare?

노우 디쓰 이즈 올
Seller : No, this is all.

주 유 헤브 애니 카인 어브 앨코홀- 앤드
Customs : Do you have any kind of alcohol and
씨가렛
cigarette?

디쓰 이즈 올아이해브
Seller : This is all I have.

플리-즈 오픈 더 숫-트 케이스
Customs : Please open the suitcase.

슈어-
Seller : Sure.

횟 이즈 인싸이드 어브 디쓰 팩키-지
Customs : What is inside of this package?

어 돌 포- 마이 비즈니쓰 파-트너-
Seller : A doll for my business partner.

어 돌- 잇이즈어기프트 포- 마이 비즈니쓰
(=A doll. It is a gift for my business
파-트너-
partner.)

오우케이 쌩-큐 유 캔 고우 스루-
Customs : OK, thank you. You can go through.

세관원 : 신고할 물건은 없습니까?
판매사원 : 없습니다. 짐은 이것이 전부입니다.
세관원 : 알콜 음료라든가 담배를 갖고 있습니까?
판매사원 : 이것 밖에 없습니다.
세관원 : 트렁크를 열어 보겠습니다.
판매사원 : 네, 그러십시오.
세관원 : 이 포장 안에는 무엇이 있습니까?
판매사원 : 인형입니다. 거래처 사람 선물입니다.
세관원 : 좋습니다. 감사합니다. 나가도 좋습니다.

2. 반복하기

플리-즈 쇼우 미 유어- 패쓰포-트
1) Please show me your passport.
여권을 보여 주십시오.

메이아이 씨 유어- 패쓰포-트
May I see your passport?
여권을 보여 주실까요?

깃 미 유어- 패쓰포-트
Give me your passport.
여권을 보여 주세요.

쇼우 미 디 어드밋션 폼-
2) Show me the admission form.
입국신고서를 보여주십시오.

쇼우 미 디 인보이쓰
Show me the invoice.
송장을 보여 주십시오.

쇼우 미 더 패-킹 리스트
Show me the packing list.
포장명세서를 보여 주십시오.

캔 유 스피-크 재패니즈
3) Can you speak Japanese?
일본어를 할 줄 아십니까?

캔　유　스피-크　잉글리쉬
Can you speak English?
영어를 할 줄 아십니까?

두 유　스피-크　챠이니즈
Do you speak Chinese?
중국어를 할 줄 아십니까?

예쓰 아이 노우 어 리틀
4) Yes, I know a little. 네, 조금 압니다.
예쓰아이 캔　스피-크 어 리틀
Yes, I can speak a little. 네. 조금 압니다
예쓰아이 캔
Yes, I can. 잘 압니다.
노우 아이 돈
No, I can't. 아니오, 잘 모릅니다.
낫 엣 올
Not at all. 전연 모릅니다.

횟쓰　유어- 퍼-포-즈 어브 비짓
5) What's your purpose of visit?
여행의 목적은 무엇입니까?

횟　카인 어브 워-크 두 유　두
What kind of work do you do?
무슨 일을 하고 있습니까?

횟 두　유 두
What do you do?
무슨 일을 하고 있습니까?

아이 엠 히어- 온 비즈니쓰
6) I am here on business.
일 때문에 왔습니다.

아이 엠 인 크로씽 비즈니쓰
I am in clothing business.
옷장사를 하고 있습니다.

아이 익쓰포-트 가-멘츠
I export garments.
옷을 수출합니다.

훼어- 아- 유 고우잉 투 스테이
7) Where are you going to stay?
어디에 묵으십니까?

훼어- 아- 유 스테잉
Where are you staying?
어디에 묵으십니까?

후이치 호텔 아- 유 고우잉 투 스테이 엣
Which hotel are you going to stay at?
어느 호텔에 묵으십니까?

후이치 호텔 아- 유 스테잉 엣
Which hotel are you staying at?
어느 호텔에 묵고계십니까?

하우 롱 아- 유 고우잉 투 스테이 인 어메-리카
How long are you going to stay in America?
미국에 얼마나 머무르십니까?

하우 매니 데이즈 윌 유 스테이 인 시카고
How many days will you stay in Chicago?
시카고에는 며칠 정도 머뭅니까?

하우 매니 데이즈 윌 유 스테이
How many days will you stay?
며칠 정도 머뭅니까?

훼어- 캔 아이 파인 오우젯투투투 배게이지 클레임
8) Where can I find OZ222 baggage claim?
OZ222편 수하물은 어디서 찾습니까?

훼어- 캔 아이 겟 오우젯투제로우포올 배게이지
Where can I get OZ204 baggage?
OZ204편 수하물은 어디서 받습니까?

오버- 대어- 더 컨베이어- 언더- 더 싸인 보-드
9) Over there. The conveyor under the sign board.
저쪽에 보이는 사인보드 아래 컨베이어입니다.

홧 이즈 인 디쓰 백
10) What is in this bag?
이 가방안에 무엇이 있습니까?

홧 이즈 인 디쓰 배게이지
What is in this baggage?
이 가방안에 무엇이 있습니까?

댓 이즈 더 기프트 포- 마이 프렌드
9) That is the gift for my friend.
그것은 친구에게 줄 선물입니다.

댓쓰 올
10) That's all.
그것이 전부입니다.

잇이즈 어 노우 컴머-셜 샘플
It is a no commercial sample.
이것은 무상견본입니다.

데이 아- 썸 퍼-스널 아-티클즈
They are some personal articles.
이것은 신변잡화입니다.

대이 아- 마이 퍼-스널 비롱깅즈
They are my personal belongings.
그것들은 제 신변잡화입니다.

플리-즈 클리어- 더 커스텀즈 엣 더 카운터-
11) Please clear the customs at the counter.
저편 카운터에서 관세를 지불하세요.

유 슈드 페이 더 태리프 포- 디쓰 케메라
You should pay the tariff for this camera.
이 카메라는 관세를 내셔야 합니다.

관련 패션 용어

이미그레이션
immigration : 입국

위스키
whisky : 위스키

보틀
bottle : 병

트랜짓
transit : 통과

스탑오버- 포인트
stopover point : 단기체류지

씨아이큐
CIQ : 세관, 입국심사, 방역

커스텀즈 이미그레이션 쿼런틴
(Customs, Immigration, Quarantine)

노우 컴머-셜 밸류
no commercial value : 무상 ↔

컴머-셜 밸류
commercial value : 유상

해 설 뉴욕세관에서 체크하는 사항

(1) 입국수속

- 전자여권 : 반드시 전자여권이어야 입국할 수 있으므로 한국에서 출발하기 전에 전자여권을 발급 받았는지를 확인한다.
- 입국서류 : 각 항공사의 카운터에서 체크인 한 후 출국심사장으로 가서 여권(패스포트)에 끼워져 있는 입국심사 카드의 나머지 반쪽인 I-94를 제출하면 된다.
- 9. 11테러사건 이후 보안검사가 한층 강화되어 시간이 많이 걸린다.

부록

거래를 시작할 때 바이어측에 반드시 제시해야할 일종의 매뉴얼이므로 항시 갖추고 있다가 거래상담이나 전시회 등에서 활용한다.

〈1〉 Introduction of the company(연혁서)

1. company name: ET TRADING CO., LTD.
2. established: in 2009.
3. capital: Twenty thousand dollars.
4. president: Uk Jin Chung
5. address: 28-6-3F, jungwha-dong, jungrang-ku, SEOUL, KOREA
6. Contact in KOREA
   (1) TEL 02-499-0000, FAX 02-499-0000
   (2) e-mail address: etchung11@hanmail.net
   (3) website: www. makeshop.co.kr
7. Items: Ladie's jacket, pants, skirt, blouse etc.
   (1) sex: female

(2) style: casual wear

(3) target age: in their twenties

(4) size: free

(5) main color: white, black and red

(6) fabric: cotton, wool etc

(7) price range: 50~120 dollars based on retail price

8. last year's sales amount: 3 million dollars

   (1) domestic: 1 million dollars

   (2) exported amount for the Japanese market: 2 million dollars

9. dealing company: UNIQLO, ONWARD KASHIYAMA, WAKORU

10. employees:

    (1) office: 6 males and 10 females

    (2) factory: 10 males and 20 females

11. capacity: 10 thousand pieces per month based on jacket

12. labor charge: 1,000 dollars a month per sewer. based on 9 working hours a day

연 혁 서

1. 회사명 :
2. 창립 년도(창설자, 자본금) :
3. 자본금 :
4. 대표자 :
5. 주소 :
6. 연락처 :
   (1) TEL NO.　　　　　　　　FAX NO.
   (2) 이메일 주소:
   (3) 홈페이지:
7. 취급품목:
   (1) 성별 :　　　　　　(2) 스타일 :
   (3) 연령대 :　　　　　(4) 사이즈 :
   (5) 주요칼라 :　　　　(6) 소재 :
   (7) 가격대 :
8. 작년도 실적 :
   (수출)　　　　　달러
   (내수)　　　　　달러
9. 판매처(납품처) :
10. 종업원 수 :
   (사무직) 남　인　여　인
   (공장)　남　인　여　인
   　　　　　　총　인

11. 생산 능력(Capacity) :

(1일/ 생산량)　　　(월/ 생산량)

12. 공원임금 :

달러(1일　시간 근무기준)/월

〈2〉 디자인 기획서 〈DESIGN PLANNNING〉

1. DESIGN NO:	1. DESIGN NO:	1. DESIGN NO:
DESIGN	DESIGN	DESIGN
2. fabric:	2. fabric:	2. fabric:
3. lining:	3. lining:	3. lining :
4. size:	4. size:	4. size:
5. col:	5. col:	5. col:
6. PRC:	6. PRC:	6. PRC:

1. DESIGN NO:

DESIGN

2. fabric:
3. lining:
4. size:
5. col:
6. PRC:

1. DESIGN NO:

DESIGN

2. fabric:
3. lining:
4. size:
5. col:
6. PRC:

1. DESIGN NO:

DESIGN

2. fabric:
3. lining :
4. size:
5. col:
6. PRC:

디자인 기획서

1. 디자인번호:

DESIGN

2. 옷감 :
3. 안감 :
4. 사이즈 :
5. 컬러 :
6. 가격 :

〈3〉 행택(HANG TAG) -- 샘플에 반드시 붙인다.

STY NO.:
FABRIC:
SIZE:
COL:
DATE:
PRICE:
remarks:

〈4〉 라벨종류(옷에 달아야 하는 라벨)

1. 세탁 품질 표시 라벨

〈예〉 (WASHING CARE LABEL)

수입업자 국가등록번호(미국내) ← RN60826

RN60826

SHELL: 50% LYLON
50% POLYESTER
LINING: 100% NYLON
INSULATION: 100% POLYESTER

MADE IN KOREA

2. 사이즈 라벨

〈예〉 M

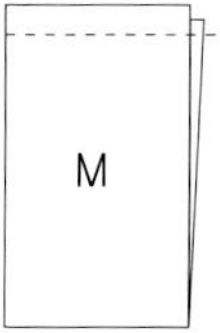

S (small; 소)

M (medium; 중)

L (large; 대)

LL (two large; 대대)

XL (extra large; 특대)

3. 원산지 라벨

〈예〉 country of origin(C/O; 원산지 label)

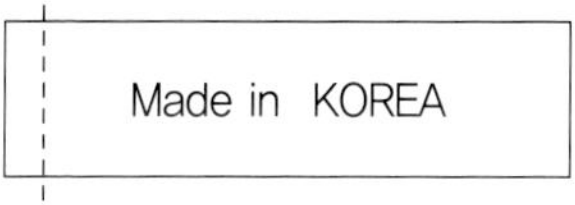

Made in KOREA(한국제)

〈5〉 영수증 (Receipt)

RECEIPT

TO :

DATE : 20 . . . Receipt NO. ________

The Amount of $ ______________ Cash

Item	Quantity	Unit Price	Cost

COMPANY NAME:

ADDRESS:

TEL 02- - By ____________

signature :

영 수 증

_______________귀중

날짜 : 20　.　.　.　　　　　　발행 번호. __________

총 받은 금액 $ ________________(현금)

품명	수량	단가	소계

회사명 :

주소 :

전화 : 02-　　　　　–　　　　　발행인 __________

서명 :

〈6〉 주문서(Order Sheet)

ORDER SHEET

(200　.　.　.)

BUYER :

COMPANY NAME :

TEL :　　　　　　　　CELL PHONE :

I will order as follows.

STYLE NO.	ITEM	SIZE	COLOR	QUANTITY	PRICE	TOTAL
〈QUANTITY〉			PIECES	AMOUNT($		)

※〈REMARKS〉

1. DESTINATION :　　　　HOTEL IN SEOUL
2. FREIGHT CHARGE : (1) PREPAID〈　〉 (2) COLLECT〈　〉

TO : ____________________

주 문 서

(200 . . .)

바이어 :

회사명 :

TEL : 휴대전화 :

아래와 같이 주문합니다.

STYLE NO.	품명	사이즈	칼라	수량	가격	합계
〈수량〉 ________장 금액($)						

※〈비고〉

1. 목적지 : 호텔(서울시내)
2. 운송료 : (1) 판매자부담〈 〉 (2) 수취인부담〈 〉

________________ 귀중

〈7〉 이메일 양식(e-mail format)

TO : 받는 사람 회사명 (DATE: 2009-11-날짜)
TEL REF NO. 번호 순서
FAX
(e-mail) ⓐ
ATTENTION : 이름

FROM : 보내는 쪽 회사명과 이름
TEL
FAX
(e-mail) ⓐ
C C : 같이 받아야 할 사람
SUBJECT : 건명
REFERENCE : 참고

CONTENTS

1. DEAR
   (경어: 인사를 겸해 사용한다)
2. 본문내용
   (전하고 싶은 내용을 쓴다.)

Best regards.(=Sincerely : 끝맺음 인사)

〈이메일 양식〉 빨간색은 해설입니다.

수신 : 받는 사람 회사명 (날짜: 2009-11-)
TEL REF NO. 번호 순서
FAX
(e-mail) ⓐ
수신인 : 받는 사람이름

발신 : 보내는 쪽 회사명과 이름
TEL
FAX
(e-mail) ⓐ
C C : carbon copy의 준말로 같이 받아야 할 사람
건명 :
참고 :

내 용

1. 경애하는
(경어 : 인사를 겸해 사용한다)
2. 본문내용
(전하고 싶은 내용을 쓴다.)

잘 부탁합니다.(=잘 부탁합니다. : 끝맺음 인사)

저자 프로필

1. 정승일 (鄭昇逸 Chung, sungil)

연락처 : (e-mail) etchung11@hanmail.net(한국)

chungsungil@yahoo.co.jp(일본)

〈경력〉

- 日本岡橋(오카하시)商事 貿易部 근무
- 漢城實業 일본무역 영업부 근무
- 한국무역협회 무역아카데미 교수
- (초빙강사)
  한국능률협회, 한국생산성본부, 중앙대학교, 경북대학교 등
- 무역일보 국제부기자(출입처 : 산자부 KOTRA, 한국무역협회 통일부, 문화관광부 관광공사 일본무역진흥회, 행자부 서울시청 한국증권거래소, 중기청 등)
- 일본통신사 서울주재기자
  (일본출입처: 25개 지방자치단체, 대학 및 대학교 등)
- 한국섬유산업연합회(2000년 프리뷰인 서울 일본홍보담당)
- 현 동대문페스티벌 일본홍보담당
- 현 한국무역협회 무역아카데미 교수 〈담당과목〉국제마케팅전략(일본), 무역 실무 일본어
- 현 중기청 연수원 강사 〈담당과목〉일본마케팅(일본시장개척)
- 현 (홍보담당)도쿄공과대학교, 문화복장학원대학교, 캐나다세인트메리대학교 등
- 현 국제교류연구원장
- 현 서울산업통상진흥원 서울패션센터 수출자문위원

〈저서〉

1 무역일본어회화(한림출판사) … 국내최초 무역일본어 교본

2 무역일본어 통신문(진명출판사) … 국내최초 무역일본어통신문 교본

3 INTERVIEW日本語(進明) … 국내최초 일본어 면접대비 일본어교본

4 奇蹟의 日本語聽取(時事日本語社)

5 비즈니스일본어회화(매일경제신문사)

6 일본비즈니스 성공비결(삶과 꿈)

7 신입사원의 기초지식(삶과 꿈)

8 일본의 유통현장 100엔숍(두남출판사)

9 서비스이만큼만해라(삶과 꿈)

10 패션벨리 남동대문시장(경춘사) … 국내최초 남동대문시장 교본

11 무역창업길라잡이(두남)

12 서울명소체험(한림출판사) … 서울시청 관광홍보용 책자

13 상담일본어(대학당)

14 패션일본어(두남) … 국내최초 패션일본어 교본

16 BUSINESS日本語(넥서스출판사)

17 남대문동대문 패션무역(두남) … 국내최초 남동대문시장 창업교본

18. 패션일본어, 패션중국어(경춘사)

기타 총23권

〈趣味〉 1 YOGA(경력18年) 2 수영(다이빙) 3 줄넘기 등

2. 히라키 타카노리 (平木孝典 Hiraki, Takanori)

- 일본동경출생
- 동경도청 근무
- 공립고등학교 교사

- 한국외국어대학교대학원(문학박사)
- 세종대학교 교수
- 일본카케학원(학교법인대학교)서울사무소장
- 현 서울시 중등교육위원회 고문
- 현 한국일본어문화학회 상임이사
- 현 한국외국어대학교 교육대학원 교수

〈저서〉 Enjoy 일본어(넥서스출판사)
7주간으로 배우는 체계일본어회화
동대문을 벤치마킹하라(일본출판사 근간)

〈감수〉 패션일본어(경춘사)
한일사전(넥서스출판사)

3. 한지수 (Han, jisoo)

- 성신여자대학교 대학원, 이학박사
- 이화여자대학교 디자인 대학원 의상디자인 전공, 미술학 석사
- F.I.T, state University of New York 액세서리 디자인 전공 전문 학사 졸업
- 이화여자대학교 미술대학 장식미술과 패션디자인 전공, 미술학사

〈경력〉 제일모직(주) 여성복 사업부, 디자이너
금강제화(주) 비제바노 사업부, 디자이너
Shall we Dance 무용복 연구소 디자인실장
성신여자대학교, 단국대학교, 공주대학교, 국민대학교,
경북대학교, 동아방송예술대학 외래 교수 역임

〈저서〉 패션전공자를 위한 컬러리스트 (경춘사)
헤나아트(경춘사)